Live
broadcast of
the marketing

直播营销

流量变现就这么简单

·尹宏伟 编著·

机械工业出版社
CHINA MACHINE PRESS

直播作为新媒体时代的主流行业，与移动电商有着密切关系，其本质都是为了吸引流量，从而转化粉丝、创造盈利。本书以直播为出发点，结合电商营销的新玩法，从主播和"触电"企业两个角度来讲述如何经营直播、快速变现。全书共6章：第1章通过分析资本、行业，引入对变现手段、营销法则的解读；第2~4章，分别讲解了计划、团队和内容这三个直播营销的核心环节；第5章讲解了对待粉丝的相关方法；第6章展示了目前主流的营销方式、工具、手段及未来趋势等内容。

　　本书并非营销概念讲解，而是对直播过程中，主播面对粉丝提高表现力、优化内容安排的攻略。在案例上，不仅介绍了"当红"主播的风光，更是对其背后的风险，个人的努力与团队运作进行了着重分析，力图还原真实的直播从业者。此外，还通过对比部分"老主播"的长盛，以及"爆红"新人的昙花一现，引出对内容原创性、导向正确性、手段合法性的思考与探讨。

　　本书可以作为新媒体爱好者的入门手册，也可以作为直播从业者提高职业技能、把握变现能力的参考书，还可以作为直播粉丝的拓展指南。

图书在版编目 (CIP) 数据

直播营销：流量变现就这么简单 / 尹宏伟编著. —北京：机械工业出版社，2019. 10
ISBN 978-7-111-64092-9

Ⅰ.①直…　Ⅱ.①尹…　Ⅲ.①网络营销　Ⅳ.①F713. 365. 2

中国版本图书馆CIP数据核字（2019）第240400号

机械工业出版社（北京市百万庄大街22号　邮政编码：100037）
策划编辑：丁　伦　责任编辑：丁　伦
责任校对：张　晶　责任印制：孙　炜
河北宝昌佳彩印刷有限公司印刷
2020年1月第1版第1次印刷
170mm × 240mm・13.5 印张・334千字
0001—3000册
标准书号：ISBN 978-7-111-64092- 9
定价：69.90元

电话服务　　　　　　　　　网络服务
客服电话：010-88361066　机 工 官 网 www.cmpbook.com
　　　　　010-88379833　机 工 官 博 weibo.com/cmp1952
　　　　　010-68326294　金 书 网 www.golden-book.com
封底无防伪标均为盗版　机工教育服务网 www.cmpedu.com

前言
Preface

随着智能终端的多样化，无论是从电视、PC还是手机，人们都能够接触到视频直播的内容。而随着PC和智能手机的发展，以及网速和带宽的提升，直播的载体、形式和内容都有了较大的变化。直播的"即时"与"互动"属性使社交视频直播社区的活跃用户正在不断发展壮大。

从2018年到2019年，"抖音"等短视频App的走红，以及它们对直播领域的延展，似乎为视频和直播等新媒体从业者提供了一条新的思路。无论是做渠道、做电商，还是直播创业，都需要了解直播营销，因为营销力基本上决定了相关从业者的变现程度，以及他们能走多远、走多快。

直播作为一种新媒体手段，引领了很大一部分的网络流量，当下的营销手段日新月异，营销内容竞争极为激烈，直播的出现，无疑给电商们带来了缓解压力和突破销量瓶颈的风口。利用直播来营销，可以充分发挥直播的营销价值。

本书以理论和实例相结合的形式，讲解了直播营销的四大要素：计划、团队、内容和粉丝。

● 计划是直播营销必不可少的一部分，完善的计划是成功的第一步。这部分详细介绍了从选品到直播的方法，帮助读者更好地规划直播方向。

● 团队是直播营销的基础，经过初期个人的"草根"打拼后，越来越多的杂事会导致个人精力分散，需要团队分工协作的力量，来保证内容的稳定产出。

● 内容是直播营销的核心，主播从模仿开始，需要逐渐摸索出有自己特色的道路，创造观众喜闻乐见的原创内容来保证流量。

● 流量是直播营销的基本；粉丝经济，也就是直播的命脉。如何盘活粉丝，组建社群，是直播营销的重中之重。

移动直播和短视频越来越火，但是，发展的同时也有弊端隐藏其中，如直播中出现的低俗、暴力的内容。作为主播，要分清利弊，遵守职业道德，为营造良好的直播环境贡献力量，共同打造文明网络。本书由淄博职业学院尹宏伟负责全书编写，共约33.4万字。书中尽可能地为读者呈现清晰、客观的直播世界，从直播的各个环节向读者讲述直播营销的相关方法和技巧，使读者能够在轻松愉悦的阅读中获得相关知识，学到并掌握一些成功者的直播经验。

目 录
Contents

03 团队，直播营销的基础

04 内容，直播的营销核心

05 | 粉丝，直播营销的导体

06 | 移动直播，视频新兴势力

01

直播的电商
营销价值

　　众所周知，2016 年被互联网业界人士们称为"直播元年"。由权威机构联合发布的第一份直播行业报告显示，仅 2016 年上半年，我国直播行业平台入驻就超过 200 家，用户数量超过 3 亿，接近当时全国互联网用户的一半。由于市场竞争的激烈和政策监管的加强，相较于 2016 年，2017 年和 2018 年的用户增速放缓，但预计到 2019 年底仍然能够轻松突破 5 亿大关，可以说，直播正走入我们的日常生活中。

1.1 潜力，直播平台投资热

毫无疑问，直播行业的市场潜力是巨大的，这也是其为何能吸引大量资本的原因。不少直播平台都曾获得过亿元级别的投资，"虎牙"直播甚至在2018年5月上市，"斗鱼""映客"等也纷纷开启上市计划。这些直播平台的市场估值随之水涨船高，甚至达到数十亿元。其中不乏我们熟悉的互联网巨头，如"阿里""腾讯""新浪"和"网易"等，甚至不少国有企业也开始关注并尝试着进入直播行业。

1.1.1 | 国有资本，"战旗"直播与"浙报"传媒 <<<<<<<<<<<<<

说到国有资本投资，就不得不提到"战旗"。我们可以查找到的资料显示："战旗"（图1-1）是一家由"浙报"传媒控股集团有限公司（以下称"浙报"传媒）打造，杭州"边锋"网络技术有限公司（以下称"边锋"集团）旗下直属的一家直播网站，于2014年5月上线。"战旗"以游戏直播为主题，通过签约大量的退役职业电子竞技玩家，吸引跨界粉丝来提高人气，成为直播行业中的新星。

图1-1 "战旗"直播Logo

"边锋"游戏成立于1999年，原本是主打棋牌类游戏的平台，我们所熟知的"三国杀"就是其核心业务之一，而随后的"战旗"直播平台中也有"三国杀"专区。单一的棋牌类，或者说任何缺乏广泛性和灵活性的内容，都不足以支撑整个直播平台。与其他的游戏平台一样，"战旗"也确立了以竞技游戏为主，辅以单机、主机、网络游戏等丰富的分类板块（图1-2）。

图1-2 "战旗"直播的游戏分区

2013年，某家集团公司斥资32亿收购了"边锋"游戏，次年才有了"战旗"直播的上线。那么这家公司又是什么样的存在呢？这就是成立于2002年的"浙报"传媒，是浙江日报集团出资设立的全资子公司，也是中国报业集团中第一家媒体经营性资产整体上市的公司，严格来说属于国有资本。其在2017年报中提到：以"边锋"娱乐为核心，将"战旗"直播视为将来业务的增长点，以持续优化产业链的数字娱乐平台。这是传统媒体对自身转型的一次尝试，也不难看出集团对"战旗"直播的期许。

随后，爆发式的发展让游戏直播行业很快趋于红海，为了赢得接下来的平台"战争"，经营者们开始向其他领域的直播布局，例如泛娱乐直播。"战旗"直播为呈现给受众好看的节目，尝试着制作原创综艺，并增加了音乐等各项才艺和娱乐直播板块，签约大量直播红人。

可以说在"战旗"未来的发展中，把直播与生活结合在一起是重中之重的策略。在游戏直播几乎独霸直播界的情况下，"战旗"比很多同期甚至前辈平台更大胆地把直播与综艺结合，打造了"LYING MAN"（图1-3）等多档电竞真人秀，定向服务于直播用户，完成了多元化的转型。

图1-3 "LYING MAN"海报

2015年10月首播后，"LYING MAN"的风评是"精彩程度胜过90%各大电视台的真人秀节目"。优良的制作水平和新鲜有趣的内容，让"LYING MAN"成为直播平台综艺的无冕之王。节目推出后大受好评，截至2019年初，已经连续制作到第10季。"战旗"的"秀场"直播人气也很高，包括"我要上头条""百变新秀""达人美拍""百变主播"等类目，内容涵盖音乐、旅游、生活等各个方面。

如今，"战旗"直播变成包括游戏、综艺、娱乐、体育等多个直播类目的综合类直播平台。其与"边锋"游戏的迅速成长和成功转型，与背后"战旗"传媒的大力支持是分不开的。

1.1.2 民营资本，"虎牙"直播的强势崛起 <<<<<<<<<<<<<<<<

直播出现以来，就不缺乏民营资本的投入，"虎牙"直播就是其中的佼佼者。2012年，"YY"直播推出游戏板块的业务（图1-4），即"虎牙"直播的前身。在更名为"虎牙"之后，平台一路高歌猛进，走在了直播行业的前列，其为较早一批使用HTML5直播技术、较早一批在官方媒体（央视等）采访和报道中出现的民营直播平台。据统计，2018年的"虎牙"月均访客量突破了4000万人次。

图1-4 "YY"进军游戏业务

脱胎于"YY"的"虎牙"平台，在技术和行业经验上无疑是有巨大优势的。2018年初，"虎牙"正式向美国证券交易委员会提交了注册上市的草案文件。在直播行业整体估值增速放缓，经历了"千播大战"开始洗牌的档口上，"虎牙"可谓是逆流而上；甚至在同期还获得了"腾讯"4.62亿美元的投资。民营资本在市场上的自由融合，给直播行业注入了新的活力。

资金上的充足，加上运营团体的敏锐嗅觉，造就了"虎牙"在直播行业中的稳固地位。也是在2018年初，"虎牙"成为LCK（LOL Champions Korea，英雄联盟在韩国地区的顶级联赛）（图1-5）的外部独家直播平台，将电子竞技游戏与直播平台的优势相结合，为国内的用户们提供高质量的内容。

图1-5　LCK联赛

2019年初，各大互联网经济数据分析的权威平台纷纷出台新的报告，一致认为接下来的直播行业发展更加趋于理性，直播行业将再度面临洗牌，从量的发展走向质的较量。直播行业中的细分会更加明确，直播+的经济模式，会让交叉行业获得双赢。"虎牙"等民营直播平台，正处在风口上。

此外，"虎牙"直播是主播"星计划"（通过大流量主播吸引平台粉丝，带动整个平台的流量）较早的执行者，也是坚定的拥护者。这一点从2016年开始，"虎牙"每年都有游戏板块的主播斩获"十大影响力游戏大V"奖项就能够证实。

对于电子竞技直播而言，关键在于借助主播和"明星"们的粉丝效应形成巨大影响力。游戏主播一味解说是不行的，重复的直播形式总会让人厌倦，造成粉丝流失。为了避免这种情况的发生，强化主播的个人形象是非常必要的。还有的平台开始打造荒野极限生存互动直播真人秀，例如"荒野狂人"（图1-6），邀请了8位人气户外主播前往荒野挑战15天的生存。通过对整个过程进行24小时不停歇、360度无死角的直播，辅以互动淘汰的制度（由观众决定选手去留），实现深入的互动。值得一提的是，整个过程处在完备的安保措施和专业的指导下，安全是充分得到保障的。

图1-6 "荒野狂人"节目

同样是从游戏直播逐渐走向泛娱乐领域，虎牙直播通过与业内资本的合作，行业人士的人脉和资本强势进入市场，用主播阵容吸引用户入驻，坐稳直播行业前茅的位置。

1.1.3 政策支持，移动时代的网络强国 <<<<<<<<<<<<<<<<<<<<<

近年来，电子竞技得到了广泛的社会认可，电子竞技职业及直播的市场潜力得到了充分的开发，其中也不乏为国争光的时刻（2018年IG俱乐部夺得世界冠军）。从原本饱受"玩物丧志"争议，到现在逐步进入良性发展的状态，与政策的支持和职能部门的监管是分不开的。"中商"产业研究院资料显示，2017年直播用户近4亿，市场规模接近370亿元，2018年则突破了500亿元。这些惊人的数据在告诉大众：直播的未来是光明的（图1-7）。虽然可能还需要进一步完善监管制度，但作为新的媒体形式，其发展是不可阻挡的。这一点，从不断出台的政策支持中可见一斑。

图1-7 直播行业趋势及预测

1. 政府部门高度认可

富有活力和创新的直播不仅受到了广大群众的欢迎，还吸引了政府部门的目光。如今有的地方政府玩转网络，大胆创新，贴吧、微博、直播样样不落。例如，"江宁公安在线""中国消防"等微博，充分调动了民众的参与积极性和投入程度，微博上"政务V影响力"峰会的话题，已经达到了18亿的讨论热度（图1-8）。同时，政务直播逐渐流行了起来。

图1-8 "政务V影响力"峰会

现在，越来越多的政府部门选择通过直播公开政务处理，增进与民众的相互理解，主要通过微博、"抖音"等平台进行直播。如今的政务微博，是中坚力量。已有多个政务微博，对政府活动、行政执法等进行了现场直播。不少地方交警支队通过官方微博（如"@潍坊交警"）实时直播交警检查酒驾，特别是2018年"抖音"平台走红之后，更是可以在该平台用短视频快速、广泛地曝光、纠正交通违法行为，具体事例如下所述。

（1）相关报道

据微博"平安成都"发布，2019年2月19日，成都地区某一男子的车辆在成都五块石东一路附近违停被贴罚单后，心生不满，便手拿罚单拍"抖音"，扬言要对贴罚单的交警不利，甚至还拍摄成视频。交警将其传唤至公安机关接受调查，因构成寻衅滋事，被行政拘留6日。更有趣的是，"交警叔叔"们也考虑到该视频可能造成的负面影响，"调皮"地通过自己的"抖音"账号进行了官方回应。记者注意到，此条视频也引起了不少网友的热议，大家纷纷为交警点赞。

无独有偶，政务部门纷纷和主播合作，充分调动群众参与维护和谐的积极性。2018年7月某晚，"斗鱼"总部所在地武汉迎来了一场别开生面的"采访"。主角是我们在炎热中依然坚持工作的武汉交警，采访他们的主持人正是当时斗鱼的知名主播冯提莫（图1-9）。

图1-9　冯提莫与交警一起直播

（2）采访过程

此次冯提莫在直播中与交警互动，主要是对执法进行采访和现场互动，旨在倡导拒绝酒驾，守法、文明、安全出行。在直播中，开始由一位警官带着冯提莫在武汉街头对交警进行采访，在问过了平时的工作日常之后，她也问起了一些大家关心和好奇的问题。

比如平常交警是怎么判断酒驾、整个流程是怎样？交警向大家讲述了检查的流程，并介绍了检查所使用的仪器。在现场，冯提莫与交警进行互动，展示了如何测试的细节，警官打趣说："结果证明你晚上没有喝酒。"而在这之后还真有一次真实的酒精测试，交警照例对行车进行酒精测试检查，经过一系列的检查和询问之后，司机也证明了自己没有酒驾。

通过直播互动的形式，给观众们展现了日常的执法过程，起到了很好的普法作用。网络直播和政务公开相遇碰撞出了巨大的火花，网络直播在民众和政府之间发挥了更好的连接作用。这足以见得直播作为新媒体的潜力，其仍然有很大的发展空间，这一系列尝试，也会吸引更多年轻人关注时事。

2. 设定法规加强监管

就监管部门来说，对待直播则要起到"唱黑脸"的作用了。直播给经济市场带来巨大的经济利润是毋庸置疑的，但其隐患也是确实存在的。部分主播甚至平台资质堪忧，通过低俗和打擦边球的方式，对观众造成不当诱导；也有一部分人利用直播平台交易模式的不完善，诱导观众消费甚至诈骗。这些现象轻则危及个人的安全，重则会对风气造成不良影响，可以说监管势在必行（图1-10）。

图1-10 "网信办"发布《互联网直播服务管理规定》

加大监管力量对网络直播行业来讲，短时间内可能会造成市场增长放缓，但却是对其发展方向的一种修正和优化。直播想要走得更稳更远，就必须处于良性的环境之中。可以说监管，不论对平台、主播，还是观众来说都有积极向上的意义。监管不是打压，通过监管可以对网络直播行业的秩序进行整理和完善，使行业更加有序，从而爆发出更多创新的活力。

1.2 现象，直播市场的竞争

一如"微商"等绝大多数的互联网新兴行业，直播的初期也属于野蛮生长，甚至在2017~2018年出现了"全民直播"热。平台为了吸引流量，几乎采取了零门槛入驻、零门槛开播的策略，只要是注册了平台账号的用户不需要经过审核或经过简单的登记就能开播。随着行业逐渐成熟，直播市场的竞争从数量大战转变为质量比拼。无法制造优质原创内容的平台，往往就在残酷的竞争中被淘汰。

1.2.1 行业态势，"斗鱼"直播和"虎牙"直播 <<<<<<<<<<<<<<<<

目前，直播的流量风口逐渐缩小，平台的发展也逐渐呈现出两极分化。综合型的、大型的平台凭借其流量基础和丰富的内容越来越强；而小平台和品类单一的平台逐渐走向衰落和倒闭。排在直播行业前茅的平台中，能代表行业发展的，就不得不说到"斗鱼"和"虎牙"直播了。

1. 分类的细化

"斗鱼"直播（图1-11）是一家弹幕式直播分享网站，前身为Acfun（A站）直播，于2014年1月1日起正式更名为"斗鱼"直播。与大多数这个时段起家的平台一样，"斗鱼"直播内容以游戏为主，涵盖体育、综艺、娱乐、户外等多方面。提起"斗鱼"，很多人都会联想到前面提到的冯提莫，她就是"斗鱼"几位招牌主播之一。而这些主播们的发家史，很大程度上可以概括当时的行业态势。

图1-11 "斗鱼"直播

冯提莫的直播开始于2014年9月，算得上是"斗鱼"平台较早的用户之一了。当时的她其实是应和主流在游戏板块进行的直播，以"千篇一律"的竞技游戏LOL（英雄联盟）作为直播的起点，这也是早期直播分类尚不完善的时候，几乎所有主播的第一选择。但她的成功，却并非因为游戏技术，而是无意之中在直播过程中的一展歌喉，逐渐火热起来，其后才把重心放在自己的特长上。

其实，早前的直播，主播们并没有明确的职业规划和方向，除了一部分原本就以游戏视频制作、解说成名的"up主"，大多数人都抱着试一试的心态开始。但随着行业的发展，观众的增多，市场逐渐开始细分。观众们喜好的多种多样，也让有相应特长的主播们被"挖掘"出来了。

2. 发展的多元

"虎牙"直播（图1-12）脱胎于"YY"，同样是在2014年，"YY"直播重新划分，单独成立了"虎牙"直播。其实"YY"也是直播的"鼻祖"之一，是国内较早一批涉足语音聊天室，并发展成为语音直播平台中较为成功的代表。因此，"虎牙"继承了原本"YY"丰富和完善的直播板块分类。

图1-12 "虎牙"直播

虽然"虎牙"直播在同行业单机游戏类直播中独树一帜，但也并不影响其他板块的活跃，泛娱乐、教育直播都是在行业水平线之上的主要业务。"虎牙"鼓励主播多进行尝试，是较早一批不限制主播的具体分类、根据直播内容自行选择板块的平台中的一员。

直播市场同质化严重、创新不足的隐患也是不能不提的问题。从开始到现在，各个主播，甚至平台之间的差异性可以说微乎其微。而粉丝们总是"喜新厌旧"的，同一种内容，就算具备优势，在如万花筒一般的直播洪流中，也会被大多数人逐渐"习惯"而变得索然无味。这不得不迫使主播们开始玩跨界，甚至出现了"抱团取暖"的现象，这都是市场自然法则所决定的。

（1）开拓新技能

如果"过气"了怎么办？在娱乐界，有一种名为跨界的做法，打破"明星"们原本的固有形象，让人重新觉得眼前一亮。在直播界也有同样的做法，举例来说，以"LOL小智"等主播为例，他们早前都是LOL板块的佼佼者。但也架不住观众需求的日新月异，以游戏形式的变化多端。在"绝地求生"等风口出现后（图1-13），他们也时不时地在直播中穿插这些游戏。

图1-13 "绝地求生"直播

更有甚者，有些主播直接从直播跨向泛娱乐领域，开启了"歌王"模式，时不时组织一次"粉丝歌友会"，在加强互动之外，还能够为自己直播的内容带来一些新鲜有趣的东西。

（2）发展交际圈

如果问粉丝们希望看到什么？相信不少人会回答：希望和喜欢的主播们一起玩一次游戏。作为同行，主播们除了竞争，也是存在合作模式的。相比其他人，生活状况比较接近、喜好相投的主播们更容易成为好朋友，一起和粉丝玩游戏、直播互动成为他们调剂生活、增强内容的好办法。

Bilibili弹幕网（B站）的游戏视频制作人"老E""小绝""闻香""神奇陆夫人""KB"等，就是很好的例子。他们之中的每个人，都有自己的固定粉丝群体，当发展到一定瓶颈的时候，就很难有大的突破。而当他们出现在一起（图1-14），粉丝会形成自然交叉。

图1-14 "up主"合作直播

不论是哪一种趋势，都反映出如今直播行业一专多强的重要性，以及竞争与合作并存的现状。现在如果想要试水直播行业，已经不再是一个人、一个游戏就可以搞定的了。

1.2.2 | 商业化，创业成为当今时代标志 <<<<<<<<<<<<<<<<<<<<<<<<

在今天，想要成为主播的人，还有多少是因为新鲜好玩？恐怕少之又少，那又是为了什么呢？其实他们更多是希望把直播作为职业，成为自己的收入来源——创业。神奇的互联网孵化了很多年轻的行业和创业团体。从电商到"微商"再到直播，从2010年开始，互联网创业风口不断前行，甚至出现了从PC端逐渐走向移动端的趋势，"抖音"等移动直播App的出现就是表现之一。

网络直播井喷式地增长带动了多个行业，并吸引了越来越多的人投身其中。特别是年轻人，通过智能手机和自拍杆就可以轻松地实现直播，直播内容包括唱歌、电子竞技、化妆，哪怕只是单纯地吃一顿饭。就连演艺明星也越来越多地加入到直播大军中，如杨颖在淘宝直播"美宝莲"发布会（图1-15）带来了500万人次的观看，并带动了其新品口红实现热销1万多支的喜人业绩。

图1-15　杨颖的直播

其实，电商+直播已经成为电商的新常态，成为创业的新道路。淘宝、京东纷纷入局，较为知名的淘宝主播张大奕本身就是淘宝店主出身，也是知名的微博主播。直播让她的事业更上一层楼，"双11"前后，其微博粉丝激增到近600万，淘宝店铺粉丝将近800万，缔造了淘宝电商直播销售的高峰，直播则让电商流量受益。

据淘宝平台发布的数据分析，淘宝直播带来的购物车转化平均在30%左右，也就是说100个人观看直播会有30个人将直播所推荐的产品加入购物车，而真正转化至购买的数据无法统计。直播+电商也已经成为网络直播很好的流量变现方式（图1-16）。

图1-16　直播+电商

1. 线下转线上

来看看主播通过电商创业变现的具体案例。"薇娅（VIYA）"曾经是娱乐圈的"小咖"，从娱乐圈转战服装行业的她在2011年放弃了线下店，专心经营淘宝店铺。而真正让她的事业获得重大突破的却是淘宝直播，2016年她开始试水直播，仅仅用了1年多的时间就收获了400万粉丝。而借势直播，"薇娅"的淘宝鞋店和服装店都飞速成长（图1-17），2017年销售额已接近3个亿。

图1-17 "薇娅"的淘宝店铺

2016年10月10日的一次直播，更是帮助她将一个从零开始的新店完成了7000万的销售额，创造了多项淘宝直播的记录，也在2018年的盘点中，赢得了上一年度淘宝直播盛典奖项大满贯。不难看出，直播市场趋于成熟之后，是否有足够的变现能力成为评价主播业务能力的一个重要标准。"玩票"性质的直播，逐渐开始被专业化、商业化的直播所驱赶，简单来说：赚不到钱，还怎么继续直播下去呢。

因为"薇娅"本身的流量并没有达到"老少皆知"的地步，所以线下业务经营得并不理想。而将圈子定位在线上，在转战直播电商后，不光能够将自己从前积累的营销基础发挥出来，还可以引起更多人的关注，因此她的店铺销量突飞猛进并非是空穴来风，而属于厚积薄发，用流量支持创业。

2. 直播兼开店

比起拥有流量基础的"明星"们，相信更多的直播电商创业者其实是白手起家。如果是在2016年以前的主播，还依旧是以直播为主业，开店只是增加收入的副业。但在淘宝等平台的电商直播兴起之后，出现了一批希望通过直播来做推广，以卖货为内容的电商主播（图1-18）。

图1-18　新零售+"抖音"直播

这种全新的直播商业化模式，与依靠"明星"带货不同，是以营销本身作为直播的核心内容，在直播过程中展示商品的真实效果，甚至对其使用的步骤流程和方法进行介绍、教学。例如"抖音"上李子柒的"胖缘缘不是胖圆圆"（图1-19）等，就是通过"抖音"平台入驻的电商主播。没有纯淘宝营销的生硬，也没有直播广告插入的尴尬，这种新模式越来越受欢迎。

图1-19　"胖缘缘不是胖圆圆"在"抖音"卖货

边直播边卖货，这种直播带来的购买力不是成批次的大单，更像是零售。主播所需要承担的仓储、物流压力也比较小，更适合"白手起家"的创业者们，毕竟不是每个人都能受到大平台、大商家的青睐。更有意义的是，在如今游戏、泛娱乐等直播内容饱和的前提下，采用一种新的模式、新的内容，也更容易吸引消费者的眼球，更利于美妆、服装类的主播发挥自己的优势。

总而言之，随着直播的变现手段越来越成熟，一批只是抱着试试看、玩玩看心态的主播逐渐被从流量枢纽驱逐出去，而希望以此作为职业的"专业人士"占据了主流，为粉丝们提供更优质、稳定和全面的服务。可以说，商业化是直播能够走到今天，并坚定走下去的基石。

1.2.3 抢流量，各大平台开始争夺主播 <<<<<<<<<<<<<<<<<<<<<<

主播的变现能力很大程度上是由流量所决定的，这也引发了围绕流量主播的争夺，熊猫直播和斗鱼直播开始互挖主播后，这种"争夺战"正式打响。挖角平台为了吸引主播，抛出了高达数倍的年薪；而原平台为了留住主播，往往也不得不"匹配"这样的高薪来留人。一时间，主播的身价开始飙升，截至2018年6月，知名游戏主播身价前10均突破千万级（图1-20）。

排序	主播昵称	直播游戏	类别	身价预估（万/年）
1	小智	LOL	游戏主播	4000
2	PDD	LOL	退役选手	3500
3	Miss	LOL	游戏主播	3000
	white	LOL	退役选手	3000
5	Uzi	LOL	职业选手	2500
6	若风	LOL	退役选手	2200
7	小漠	LOL	游戏主播	2000
	秋日	炉石传说	游戏主播	2000
9	安德罗妮	炉石传说	游戏主播	1800
10	阿怡大小姐	LOL	游戏主播	1700

图1-20　2018上半年主播身价TOP10

至于花费如此重金对于直播平台是否值当，可以从"薇娅"身上一窥究竟。一个人气主播，粉丝往往能够达到百万甚至逼近千万级，由此而带来的流量和变现能力是不可估量的。各大直播平台对主播的争夺绝非仅限于游戏领域，美妆、才艺、教育等都是"战场"。

1. 主播的机遇

激烈的挖角竞争下，先受益的自然是主播们。除了一些"一线"大主播直接涨价，很多平台为了提高整体竞争力，开始了"造星计划"，加大力度自己培养主播。对希望从事直播行业的新人来说，这是不可多得的好机会。且不说待遇如何，专业的培训（图1-21）、精心的包装、集中的推广，就足够让不少名不见经传的兼职主播变成专业人士，总好过一个人摸索前进。

图1-21 主播培训班集训

对于主播中的"个体户"们，以往直播平台更倾向于放任自流，没有正式的雇佣合同，而是采取合约分成，即完全无固定收入，全靠礼物凑数。为了尽量少流失主播，平台们推出了更有保障的模式，与主播签订合同，用每月固定的直播时间换取固定的工资收入。而礼物的提成比例，签约主播也是要略高于未签约主播的。此外，还规定了合约期的主播不得去其他平台直播。

以上这些，对于主播的职业化，起到了很好的推进作用。

2. 潜在的危险

对于主播而言，合同一旦签订便生成了法律效力。除了福利之外，也需要承担责任与义务。如果主播在合同期内想要离开平台，跳槽的代价是高昂。具体可以从违约金和风评两个方面来说。

（1）违约金

一般来说，直播合同中违约金最高额度是对平台造成的经济损失的10倍以内。也就是说，即便是年薪数万的小主播，也可能因为随意跳槽而产生数十万的违约金。就更不要说百万级的主播，动辄千万的违约金是很难承受的（图1-22），很多前"知名主播"因此而淡出人们的视野。

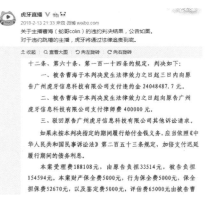

图1-22　违约主播被告

（2）风评

在合同期内违约跳槽，属于违反法律法规的行为。在未经双方友好协定的情况下，单方面宣布跳槽的主播，往往会给自己的名誉带来极为恶劣地影响。"掉粉"是肯定的，毕竟主播作为公众人物，粉丝对其形象和行为是有一定要求的，而其中职业精神和品德是重点。

法律法规不可儿戏，合同更不是一纸空谈。要知道，合法的直播合同保护的不只是主播的权益，也保护直播平台的权益。部分平台存在不正当挖角的操作，比如故意挖角后找茬解约，恶意打压竞品平台的大主播；虚抬主播身价，造成竞品平台的成本压力等。因此，平台之间的"神仙打架"对主播依旧是一把双刃剑，在整体行价看涨的时候，主播们还是得谨言慎行。

1.3 价值，流量变现的途径

网络社交平台发展起来后，我们见惯了各式各样的网络营销手段。网络营销成本低、传播范围广、见效快，想要流量变现的主播们怎么能不学几招呢？粉丝之所以能跟着主播的节奏走，从某种角度来说就是主播的营销"套路"。网络营销的形式千变万化，但从根源上来说，也就是几个大类，成功的营销，总是先带给粉丝真正想要的东西。

1.3.1 体验营销，传统电商难逾越的鸿沟 <<<<<<<<<<<<<<<<<<<<<<

拿直播本身来说，体验就是要在内容上与粉丝们进行互动。游戏主播，可以适当玩一些能够让粉丝参与进来的游戏，不要总是自娱自乐。不方便互动的游戏，或者其他类别的直播，也可以利用直播平台提供的竞猜（图1-23）、投票，让粉丝更多地融入直播的内容中来。

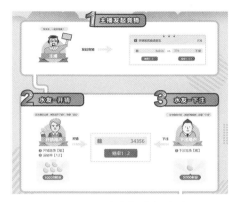

图1-23 "斗鱼"直播竞猜

体验营销（图1-24），顾名思义就是通过体验的方式，让消费者直接感受商品和服务的效果，让其体验到价值所在，增进消费者对商品和服务的信任度，从而达到销售的目的。在电商兴起之后，体验式营销一直都是一道难以逾越的鸿沟。因为不同于以往线下店的体验，消费者没有办法通过接触，切身体会。例如买衣服，电商的成交率往往是低于线下店的。

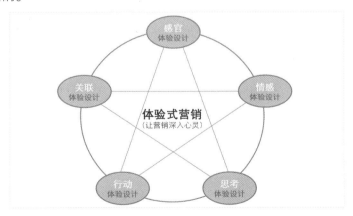

图1-24 体验营销

虽然聪明的电商们利用美工、视觉设计、文案等手段，模拟还原了不少的场景，但依然让人感觉差了点什么。而短视频和直播的出现，很好地弥补了这一个缺憾。前面我们提到的淘宝直播，就是直接通过在线视频，为粉丝们进行试穿、展示，让粉丝们通过实时的变化和效果，对商品有更深一步的感受。

除了淘宝的一些美妆、服饰商品直播属于体验式营销，近年来兴起的旅游直播、吃播等，以主播的第一人称视角或亲身体验，为粉丝们进行解说、推荐，都属于体验式直播的门类。直播用户通过他们的体验，得知一款游戏是否好玩，需不需要购买；一个景点是否好看，值不值得一去（图1-25）；一家店铺的料理是否好吃，应不应该去尝试。体验在先，变现在后，这就是对体验营销的诠释。

图1-25　某平台满洲里旅游直播

体验营销较大的两个难点就是，主播的专业度和粉丝的信任度。

1. 主播的专业度

主播在代替粉丝进行体验的时候，如果不能够切中要害和需求进行点评，那么往往不能起到很好的营销效果。因此，主播通常要对商品或服务等提前做好功课。例如，拿到第一手的数据，请教专业人士，进行直播策划等。又或者，主播本身就是某个领域的"意见领袖"，深入研究过该领域（图1-26）。

【老E】时隔两年半的更新 GBA PART.08
96.2万　2018-7-13

【老E】音乐天才之我选择死亡系列 PART.07
99.4万　2015-12-4

【老E】GBA特辑 0008 - 0014（奇葩游戏出没注意！）
55万　2013-7-28

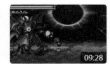

【老E】GBA特辑 0001 - 0007（你小时候玩过多少款）
44.8万　2013-7-19

图1-26　"老E"的GBA游戏试玩系列

例如，"B站"知名游戏视频制作人、主播"老E"就是多年的游戏迷，甚至还做过游戏策划。在早期专门制作"渣游戏吐槽"的他，对于如何挖掘游戏的可玩点和不足之处有自己的心得。加上幽默诙谐的解说风格，被粉丝们送上了"EGN"的称号（调侃，模仿IGN，Imagine Games Network是一间多媒体和评论网站，在业界比较权威），就是对其专业水准的认可。

这种专业度是通过后天的培训和练习得来的，例如玩多了游戏，能对其中的配乐、剧情、操作、界面设计等方面做出客观的评价。甚至有部分粉丝认为，看"大触"（网络流行语，泛指各领域的高手）玩游戏，比自己玩游戏更开心。

2. 粉丝的信任度

只有粉丝对主播足够信任，才可能对过程产生"感同身受"的体验。一是出于对主播专业水平的信任感；二则是对主播人品的放心，认为其不会对粉丝说谎。而营造这种信任度，就需要口碑的积累，需要主播不厌其烦地、踏实地去进行一次又一次的内容创造。起初可能收益不大，但日积月累起来，只要商品和服务本身过硬、有特色，口碑和信任度就会滚雪球一样地增长。

在这一点上，即便知名直播也不能掉以轻心，例如LOL主播"大司马"闹得沸沸扬扬的"虐菜"事件（图1-27）就是很好的参照。由于从选手"退役"成为主播，"大司马"虽然还保持着不俗的人气和高水准，但不知是出于直播效果的需要，还是什么其他的因素，其在某段时间经常将承诺粉丝的"高端局"（指段位较高的匹配游戏）变成"低端局"，让老粉丝都颇有微词。

LOL主播大司马直播欺骗粉丝被怒喷，网友直言把我们当傻子啊

图1-27 主播"大司马"的"虐菜"事件

其实早在第一批LOL选手退役开始，这个热门内容就多少出现了"虐菜"现象。2018年"拳头"公司（英雄联盟出品公司）和各大平台就开始针对主播"虐菜"，破坏玩家游戏体验、降低直播水准的情况进行处理。开始受理对主播"虐菜"的举报，封禁了一批主播的账号。

主播虽然逐渐成为一个新兴职业，但在其直播所在的领域（如游戏等）中，依然需要遵守作为玩家的基本操守，并不存在特殊化。通过灰色交易、暗箱操控游戏结果，影响其他玩家体验的行为，不但会伤害其他玩家，也会极大地消磨粉丝们对主播的信任度，属于拔苗助长。

1.3.2 情感营销，主播对粉丝强势引导性 <<<<<<<<<<<<<<<<<<<

如果说体验好，能够为主播们带来更多的流量，转化更多的粉丝；那么情感则是增强粉丝黏度，留住更多"老粉"的关键因素之一。网友们观看直播，起初并非都是为了学什么东西，而更多地是为了娱乐和放松，或者说满足精神需求。"宅"属性（对社交的紧张和恐惧）的加剧和快节奏的生活，让很多现代网友比以往更需要得到认同和赞许，希望能够找到自己的同类人。

社交需求，这一点是从网络产生开始，伴随着论坛、社区而生根发芽的。粉丝稍多的主播，往往都有自己粉丝所建的贴吧、微博"后援会"等网络社区（图1-28）。

图1-28　主播与粉丝交流的贴吧

1. 传递正能量

知名电子竞技女主播、解说"小苍"曾作为玩家代表，做客东方卫视"新生代"（图1-29），为电子竞技行业与直播传递了一把正能量。在节目中，"小苍"大谈自己的电子竞技从业之路，感慨道："竞技的激情，团队作战的友情，共同成长、欣赏精彩比赛的热血和感动，带给了我很多很多正能量，可以说游戏让我的人生变得美好而精彩。"为诸多不被理解，甚至被贴上"废柴"标签的职业电子竞技玩家、爱好者们正名，呼吁社会大众理解和重视游戏产业、电子竞技从业者。

戏谷电竞联盟 ✔

电竞正能量：LOL解说小苍做客东方卫视《新生代》：∥电竞正能量：LOL解说小苍做客东方卫视《新生代》 随着电竞圈的蓬勃发展，奋斗在这一行业的电竞人士也获得了越来越多来自外界的认可😊😊

图1-29　"小苍"做客"新生代"

"小苍"这一番话带给粉丝的，是一种认同感。在互联网行业发展的过程中，相当一部分的创业者和从业者都曾不被看好过，都曾经受过冷言冷语的对待，"天天上网能有啥出路，为什么不出去找一份正经工作"。这让很多"路人"（非某主播的粉丝）也感慨万千。

直播观众主力是"90后"和"00后"，都是"电竞歧视"的经历者（图1-30），在自己关注的、比自己有更强影响力、说服力的人为自己发声的时候，心中不免会有触动。其实抛开这些大的话题不谈，主播作为社会群体的一员，也有自己的生活和看法，也有自己的个性。主播并不需要强行给自己加一个"人设"，而应该更好地展现自己，才能在自己身边聚集真正的粉丝。

老师推荐电竞专业遭家长怒斥：说得好听，不就是打游戏的？

作者：M24@穿游宝 2018-05-04 17:30:00

图1-30 "电竞歧视"依然存在

当然，作为公众人物的主播，以正确的价值观来引导粉丝是必需的。而拥有某种"情怀"的粉丝，所带来的转化率和购买力，是更为强劲的。这就像相差无几的两个同类商品，人们会自然偏向自己所熟悉和喜欢的"明星"代言的一款，情感营销是隐秘而强大的。

2. 约束粉丝行为

主播对粉丝的引导除了推动，还有约束。目前的直播用户年龄限制并不完善，时不时还能看到未成年粉丝冲动消费、过度沉迷的消息。主播作为公众人物，对自己直播间的粉丝行为，也需要承担一定的社会责任。虽然这不是强制规定，但却能体现一个主播的职业道德和社会责任感（图1-31）。

斗鱼直播号召主播积极承担社会责任，正能量满满收获网友点赞！

2019-03-27 23:58

伴随着我志愿加入斗鱼公益主播团声音的响起，斗鱼户外人气主播钱小佳宣读《公益主播志愿者服务承诺书》的同时，公益主播团在斗鱼直播正式成立。目前，公益主播团正面向全国同步招募主播和扶贫点。公益主播团从2月27日起，斗鱼直播就已经开始面向全网发布主播招募，也是吸引到了大量主播们的加入。

图1-31 主播的社会责任

其一，体现了对粉丝的关心。对于经常活跃在直播间的粉丝，如果主播能大致了解其身份、年龄及收入水平，其实是一种基本礼仪。对未成年、尚未完成学业的一部分粉丝，尤其是尚未经济独立的，不能对其大额、长期的礼物赠送想当然去接受，这是对粉丝的人生负责。

其二，体现了主播的素养。在面对分歧、争论时，劝导粉丝冷静对待，不"引战""带节奏"，对不同的声音采取包容、合理的态度；不对其他的主播进行恶意刷屏和攻击，不以"大主播"的流量欺压"小主播"。不主动引起争议的主播，其职业生涯能够延续更久。

另外，直播是一个不断吸引粉丝的过程，每天都有新的粉丝加入。除了不同的看法和观念，比较容易引起分歧的还有对主播的"无脑吹"。当粉丝抱团后，很容易就主播的一些事迹进行过分解读、放大和夸张，得出"自家主播天下第一"的言论，这种粉丝建立起来的"人设"（图1-32），是不少主播变得膨胀自大的主要原因，也是所谓"人设崩塌"的根源。

图1-32　直播圈的"人设"

曾经的"斗鱼"平台某游戏主播，因为出众的操作和敏锐的意识，尤其是对新游戏的上手速度快，被粉丝誉为"某某大神"。但在2018年井喷的竞技游戏中，出乎意料地被几位"水友"（和主播同玩一款游戏的粉丝们）轻松击败，竟然将其拉黑，并组织粉丝孤立他们。这几位"水友"在贴吧爆料后，围绕该主播的行为展开了激烈讨论，陆续有其他粉丝爆料，一时间墙倒众人推。

这是不善于约束，甚至肆意利用粉丝情感的反面典型。

1.3.3 | 对话营销，即问即答突破传统售后 <<<<<<<<<<<<<<<<<<<<

用直播做营销比较突出的好处还有沟通便利，对于粉丝提出的问题和质疑当场解答。这些问题是被曝光在直播间所有眼睛之下的，一来能够为主播与粉丝之间的沟通创造机会，增强粉丝的参与；二来能够减少更多私信、客服的弊端，不会在重复的问题上浪费时间。

1. 话题互动

对话本身，可以成为直播内容的一部分。感谢关注、送礼是一种对话，体现主播的礼仪和对粉丝贡献的认可。带起话题也是一种对话，在直播间的"弹幕"（粉丝实时发言）稀疏，或气氛比较尴尬时，由主播挑起话头，带着粉丝们进行热烈讨论，增加直播间活跃度。

有趣的是，直播间的人气，并非是通过一组冰冷的数字能够表现出来的。看过直播的人都知道，进入直播间给予我们冲击力的是"弹幕"的数量（图1-33），这更能代表当前直播间的热度。粉丝之间其实并没有那么统一和整齐的话题，这往往需要主播来营造氛围。因为，粉丝之间直接的共同点和话题，就是这个直播间的主播。不过要注意，话题需要遵守道德和法律。

图1-33　直播间密集的"弹幕"

2. 在线客服

在涉及淘宝直播、商品推荐的内容时，对话的作用就更加明显了。作为"主持人"的主播，除了要对商品进行介绍，还需要时刻关注弹幕列表中比较有价值和代表性的问题，挑选提问人数多、符合直播主题的问题，进行在线回复。此时解决一个人的问题，就能同时解决一群人的问题。现在，甚至还有一些专门回答问题、提供解决问题的直播（图1-34）。

图1-34　问答直播

不论是淘宝直播也好，问答直播也罢，这里的对话都不是指根据台本呆板地说，而是要时刻关注粉丝的弹幕提问。说白了，对话营销魅力所在就是实时互动。这种"面对面"

的问答，能够解决传统客服回复的滞后性和容易误读的问题，转化率也会相应地提高。

因为，直播过程中，在粉丝作为潜在消费者的情况下，热度和兴趣达到峰值，这个时候相当容易转化为真实购买力。在下播后，粉丝们逐渐回归到快节奏的日常生活，很容易将内容抛之脑后。想要在直播中实现直接转化，主播就必须"一条龙"服务，既是主持人，也是在线客服，只有打消了粉丝购买商品的顾虑，才能让潜在消费者变成消费者，实现实时流量变现。

总而言之，流量只有真正在直播的时候，才是有用的。

1.3.4 "自黑"营销，利用段子打造独特感官 <<<<<<<<<<<<<<<<

主播们除了给自己树立一个正面、专业的形象，也可以偶尔"皮"一下，玩一玩幽默。在网络文化当中，不懂得幽默的人，往往会带给其他网友距离感。我们的日常生活中，不乏"黑出感情"的案例。例如长期活跃在争议中的"局座召忠"张召忠将军和"蓝翔代言人"唐国强老师，都曾经在网络节目中，针对网友的调侃，表示"喜欢才会调侃，关注才会争论"。

图1-35 "局座"T恤

希望和粉丝们打成一片的"局座"张召忠，还在自己直播的过程中，把网友们曾经拿来"黑"过自己的"雾霾防激光"等段子，印在了自己的T恤上出售（图1-35）。不少曾经的"黑粉"感慨：这么可爱的老头，我肯定"黑"出感情了，现在哪儿还黑得下手呢？还"黑"不过他自己呢。

的确，作为公众人物，不可能被所有人喜欢。"自黑"是一种豁达，这种调侃比上纲上线的回应，可能更有效果。其一，让喜欢自己的人认识到自己不同的一面；其二，让诋毁自己的人无言以对。在网络时代，除了一些底线和大是大非的问题（例如盗版、外挂等），绝大多数的争议都不存在绝对正误，更多是粉丝之间的争吵，作为主播，"自黑"有时候是无声解决问题的好办法。

1. 避免粉丝对立

网络舆论日渐强大，"自黑"逐渐成为主播们的处世态度。"自黑"既是一种境界，也是一种沟通方式。自我解嘲的同时也是一种压力下的自我释放和治疗。主播难免会受到争议，观众不喜欢因为争议就脆弱、恶语相向的主播，也不喜欢动不动就"互喷"的直播间氛围（图1-36）。

图1-36　直播间的唇枪舌剑

做主播比较忌讳的问题之一，就是带有印向性的"站队"。粉丝分成对立面，互相争执，主播可以通过"牺牲精神"来调侃自己缓和直播间的气氛，让直播间的声音处在自己能够把控的范围。最后不至于演变成吵架、人身攻击和网络约战，这也是作为主播的责任——维护直播间的和谐。

从自身的利益出发，如果粉丝出现对立，很有可能会逼迫主播不得不从中"站队"，导致另外一部分人的退出。直播间的"游客"们也会从潜在粉丝变成"路人"。而能够转移话题，让粉丝"一笑泯恩仇"的直接、有效手段，就是主播利用自身制造争执双方都能认可的笑料。

2. 带来新鲜感官

"自黑"在娱乐圈十分常见，通过此种方式能够拉近明星与粉丝间的距离。比如相声演员岳云鹏，就经常在网络上"自黑"。在微博晒自己的大头漫画，漫画中"小岳岳"身子小头大，"肉"感十足，看上去十分喜感。岳云鹏忍不住"自黑"调侃："我要打瘦脸针，必须打"（图1-37）。而如此"自黑"，反而加深了他在人们心目中的幽默形象。

图1-37　岳云鹏发帖"自黑"

　　网友们时刻追逐着新鲜感觉，希望能看到更多不同的东西，"自黑"往往能达到这种效果。其也被总结为一种逆向营销。但不可为"自黑"而"黑"，不能理解为"黑"自己让粉丝发笑的粗浅行为。更加通俗地说就是要放下"偶像包袱"，不要刻意追求完美无缺的"虚假人设"。

　　主播不可能永远不犯错，重要的是知错就改。但有些主播为了能够让自己形象更高大，往往会选择以各种手段"抬高"或"洗白"自己，甚至为自己制造一些不存在的事迹。最终因为被强大的网友"扒出"真相，慌张失措，失掉粉丝的信任。与其这样，不如大方面对，展现自我。

1.3.5 ┃粉丝经济，得流量者得天下 ＜＜＜＜＜＜＜＜＜＜＜＜＜＜＜＜＜＜＜＜＜＜＜

　　粉丝是买账让主播获得经济收入的来源，也是主播忠实的追随者。粉丝经济（图1-38）简单来说是指通过粉丝能产生一定的经济收益，粉丝经济中的粉丝与被关注者之间存在着一定的经济交易，被关注者通过被粉丝喜爱而从其身上获得或多或少的经济收入。

图1-38　粉丝经济

直播营销的真实目的就是通过挖掘粉丝需求，生成内容和产品，让粉丝变为消费者。粉丝究竟如何变现，如何形成粉丝经济的呢？社会上存在着一个现象：某一行业的意见领袖往往都有"粉丝"的追随。无论是言行举止还是衣食住行，这些意见领袖身边都有一群模仿者，他们就是粉丝。这些意见领袖通过影响粉丝创造价值的现象，就是粉丝经济。

直播营销模式有个等式："粉丝=流量"，粉丝越多，流量越多。于是"电商拼抢流量——主播拼抢流量——粉丝拼抢流量"，归根结底是要靠力量强大的粉丝。游戏主播"若风"的身价高达2000万，主要原因还是拥有众多的直播粉丝。每次"若风"开通直播，都能吸引数十万次粉丝围观，这从侧面也反映出了一个事实：直播领域受欢迎，主播的营销价值也水涨船高。

那么"若风"又是怎样获得如此惊人的变现能力呢？"若风"身为前职业玩家、游戏解说，具备了良好的专业水准。而在2012年前后获得的多项电子竞技赛事冠军，则为他的人气打下了基础。在直播中，他幽默的风格极具感染力，"瞬间爆炸""教他做人"等网络热词就是出自他的直播间。与此同时，他也是一名微博"达人"（图1-39），粉丝超过300万，可谓是多点开花。

图1-39 "若风"微博

1. 流量直接变现

"若风"把作为职业游戏选手时的积蓄拿来和以前的队友一起经营了一家网吧（图1-40）。主题是为了能让当年爱打游戏的人来到这里体验大学宿舍的"奋斗"时光，很有吸引力。尽管网吧便宜价格为25元1小时，贵的高达80元1小时，但所能提供的服务也是顶级的。除了网吧，"若风"还有自己的外设店，专卖各种游戏用品，从耳机到鼠标垫等，单件商品的月销量近3000件，这在主播开设的淘宝店中属于不错的业绩水准。而这些业务主要针对的，就是他的粉丝们。

图1-40 "若风"网吧

"若风"的成功告诉我们：粉丝经济带来的利益是巨大的，抓住粉丝就抓住了价值。通过开店和售卖周边的方式，可以把粉丝流量直接变现，这也是主流的粉丝经济模式。

2. 利用流量营销

除了以上"简单粗暴"的方式，主播们也可以利用流量优势，接取广告，通过把流量变成营销渠道而变现。在2018年6月前后，"若风"与知名能量饮料品牌"Monster Energy魔爪"达成合作，在微博发布了新的能量饮料推广视频（图1-41）。

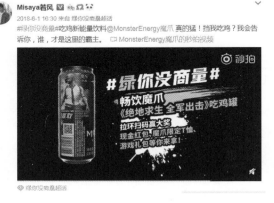

图1-41 "若风"广告视频

这次的合作，还有"吃鸡"游戏"绝地求生"的参与，将三个"招牌"的粉丝汇聚在一起，形成了强有力的交叉营销。不仅饮料本身得到了"若风"和"吃鸡"游戏粉丝的追捧，就连"若风"自己的微博粉丝都出现了明显增长，可谓是"三赢"局面。

1.3.6 | IP时代，人人都能是自媒体 <<<<<<<<<<<<<<<<<<<<<<<<<

粉丝受到知名主播和平台的吸引，主播通过打造自己的个性直播内容来扩大影响力，被称为IP时代到来的表现。个人价值的IP化其实在多年前就形成了一个社会现象。2006年前后，电视选秀节目的大热诞生了一批观众投出来的"明星"，例如当年的"超级女声"（图1-42）。在此之后，打造极富影响力的个人成为独一无二的IP，创造了媒体吸引流量的一条新道路。

图1-42　2006年的"超级女声"

过去，在内容产生后，完全依赖于平台的推广，在面向大众之前已经被筛选、改造过一轮。没有得到平台"青睐"的人或IP，是无法得到良好传播的。而在贴吧、微博等出现之后，更多"草根"开始能够在互联网平台上更自由地展示个性，创造属于自己的内容。依托于游戏"魔兽世界"的贴吧（图1-43）就是一个典型的案例，许多玩家在此地获得了不亚于官方账号的影响力。

图1-43　"魔兽世界"贴吧

更有意思的是，由玩家、粉丝们自行创建的"艾泽拉斯国家地理"论坛影响力爆炸，成为其消息发布、讨论的前哨站。直播来临，互联网的"造星"能力进一步得到提升，成本低、传播快、内容丰富的特征，为更多有想法的人提供了一个尝试平台，在符合法律法规、不违背道德公理的前提下，人人都可以是自媒体。

在经历了一轮爆发式的增长后，IP文化开始洗牌。主播IP化是个人价值在网络经济时代获得的一次重估，其成因也在于人们希望能够创造出更多的"注意点"，创造有全民参与的大众娱乐文化。主播IP化是直播行业发展的一个必然趋势，也是整个主播产业去芜存菁的一个必然选择。

1.4 方法，直播的营销法则

有时候，空有一腔热情不一定就能把事情办妥，因为可能从努力的方向上就出现了偏差。而通过一系列策划、分析却能更轻松地实现目标，这就是所谓的磨刀不误砍柴工。直播也一样，有一定的规划，使用一定的方法或者技巧，往往就能让自己胜人一筹，挣别人挣不到的钱。所以说：直播经济模式中，淘金也是有技巧的，毕竟学无止境（图1-44）。那么做直播营销，我们需要学习什么呢？

图1-44　学习知识，提高自己

1.4.1 先得有个好计划 <<<<<<<<<<<<<<<<<<<<<<<<<<<<<<<<<

热热闹闹的直播电商营销让人眼红。有无数人跃跃欲试，希望能够投身其中而分得一杯羹。那直播营销到底要怎么做？第一步就是制定发展计划，进行产品定位，产品和服务的功用、风格、目标群体、销售渠道、营销方式、行业竞争和自身条件都是产品定位的要素。

1. 直播的内容定位

随着主播人数越来越多，相应的竞争也越来越大。以淘宝直播为例，虽然直播平台对整个平台进行了相应的栏目分割，分出了全球现场、美妆、服装、母婴等多个不同主题，每个栏目竞争依然非常激烈，主播该如何在这样的环境下脱颖而出呢？或者说如何能被大家所熟知、认同？

这就需要在直播内容上进行精准定位。这个定位并不是围绕主播自身进行的，而是围绕目标粉丝分类进行的。也就是说，将需要我们把某些标签植入目标粉丝人群的心中。而主播的标签，就是自己独一无二的内容风格。简单来说，就是粉丝一提到某个话题，就会想到我们的直播。例如提到换装，就想到张大奕；提到唱歌，就想到冯提莫；提到游戏攻略，就想到"纯黑"（图1-45）。

图1-45 高难度攻略的标杆——"纯黑"

内容是大部分主播在上播前都在头痛的问题——要播什么内容？比较直接的表现是今天的标题怎么写。不少主播将直播内容的选择寄托在粉丝的提问上；还有一些主播则寄托在合作方身上，今天要卖什么产品，就播什么内容；最后一类就是上纲上线的系列教学。

不论是哪一类，我们首先要由自身出发，确定自己的核心玩法。

（1）寻找优势

当我们不清楚粉丝想要什么内容的时候，就不清楚应该要播什么内容。所以主播要找自身优点，一切都是围绕着潜藏着哪些优点、可以做哪些别的主播没有的内容或者哪些内容能比别的主播做得好。如果没有独特的内容，很难突破行业竞争的洪流。

（2）引起共鸣

并非所有的优势都是有效的，还得看粉丝们是否买单。单纯为了特立独行去做一些甚至出格的事，往往不是长久之计，如果不能获得认同，是没办法留住他们的。引发粉丝共鸣，就需要升华主题。不论直播的标题是什么、内容是什么，最好能有一定的提升，如同作文结尾点题。

（3）观察需求

市场在变，粉丝也在变，观察分析是直播的日常工作，旨在发现粉丝们的核心需求点。然后想办法将自己的优势，与需求点相结合（至少不能相悖），直播可以说就成功了一大半。同样是淘宝直播，有的粉丝需求点在于价格，而有的在于品牌，调查清楚才能播得明白。

（4）抓住重点

直播是碎片化阅读的产物，粉丝不可能有绝对、大量的时间投入到观看中来。在较短的时间内，既要吸引新用户的眼球，又要给时不时"回家看看"的老粉丝以较好的体验，抓住重点是很有必要的。

2. 直播的产品定位

产品定位（图1-46），简单来说就是综合消费者需求、自身能力和竞争对手的情况制定自己的营销策略与计划。如何确定及加强自身优势、抓住对手不足这些内容已经提到过，这里着重强调消费者需求。粉丝作为消费者的需求很复杂也很简单：复杂的是他们喜好不同，各有所爱，产品尽管标注各项利益诱惑可能依然不符合他们的要求，而且这些需求还在随时发生变化；很简单是指他们对产品各有所爱，但对于主播的喜爱是共同的，对主播的认可让他们成为忠实消费者，形成稳定的市场。

图1-46　产品定位的三项参数

直播的产品定位与其他类别稍有不同。能走入大家视野的主播个性极强，这就要求主播推出的产品要与自身的气质相符。比如，如果一位主播因搞怪而走红，但是却开了一家全是蕾丝和雪纺的连衣裙网店，大家就会对其产生怀疑，认为他是不是过于功利。这不是反差，而是产品定位失误。换装主播好好推广服装；美妆主播就好好经营化妆品；宠物主播就售卖宠物用品；游戏主播就好好卖游戏周边。主播的产品定位，一定要符合自己展现给大众的形象，否则效果不会太好。

也就是说直播的产品定位，在传统电商行业注重区域优势、货源优势、渠道优势的前提下，还需要根据自己的直播内容来确定。直播毕竟不是单纯地卖货和营销，需要一定的节目效果和内容性，有一些产品即便销量和市场前景不错，却依旧不能拿来做直播营销。

（1）契合度低

这一点是显而易见的，与自己直播内容关联性越小，产品越不适合拿来做营销。除了显得突兀，还要考虑到粉丝对专业程度的担忧，如果主播本人并没有展现过此类产品相关的技巧和学识，很难打动大部分的粉丝，让他们信任并购买这些产品或是服务。

（2）争议较大

不论是什么类别的产品，只要是存在缺陷、争议，例如山寨产品、残次品、二手物品等，除了会因为质量原因被拒绝外，还容易引发侵权甚至违法的事故。尤其是国家明令禁止售卖的产品和服务，或者有年龄限制及不符合主流道德观的，更是不能去碰（图1-47）。

图1-47　禁售违禁物品

（3）节目效果差

部分选择"兼职营销"的主播，或许只是会在直播前预热的时候提到推广的产品，或是在直播间的角落贴上广告（包括产品介绍、购买链接等），对直播本身影响不大，而粉丝也是靠情怀购买。但对于想要以此为职业的主播来说，就需要慎重考虑：品牌背后是否有故事性、产品身上能否有可操作性、是否能够通过直播展示出来。例如某主播的玉器品鉴直播（图1-48）。

图1-48　玉器首饰品鉴直播

　　如果只是单纯地展示介绍，隔着屏幕的粉丝们无法触摸感受品质，光线效果也会影响观感，整个直播就会变得无聊。主播为了提高节目效果，就需要穿插品鉴的相关知识和玉器的故事等。通过其他的增益来解决产品本身的直播限制。当然，如果无法弥补，也不宜强行选择。

1.4.2 团队合作保发展 <<<<<<<<<<<<<<<<<<<<<<<<<<<<<<<<<<<

　　个人能够取得暂时性的胜利，持久的胜利还要靠团队（图1-49）。直播营销也是如此，即使主播靠单打独斗起步成功，为了日后的长久发展，多数还是会组建属于自己的团队。如今网络创意不断，一个人的思考难免会有局限性，导致会输给一队人的头脑风暴，也就是所谓的人多力量大。就像"Papi酱"靠自己挣得名声之后也是发现靠一人之力难以取得更大的突破，于是开始接受融资、合作，快速组建了自己的团队，靠团队力量继续在网络世界里大展拳脚。

图1-49　团队合作

1. 招募团队

活跃在网络世界中的主播刚开始直播时可能只是一个人没日没夜地工作，攒下了一定数量的粉丝后，由于创意枯竭和被关注的压力增大，又有了自己的网店，为了更好地经营直播事业，主播可以加入某个团队或组建自己的团队，用团队的力量为自己增光添彩，让自己在这个竞争激烈的行业能长期保有一席之地。在这一点，主播们可以借鉴著名女主播"女流"的经验（图1-50）。

图1-50 "女流"的直播间

"女流"在从游戏解说和视频解说制作转型到游戏主播后名气大涨，既要准备频率较高的定期直播，还不能落下"老本行"——视频制作，又有网店在经营，难免分身乏术。这时候她是怎么做的？"女流"先选择了和"斗鱼"直播签约。与直播平台签约必定会有许多优势：签约费用、首页推荐、平台活动等。"斗鱼"确实给了她许多参与线上线下活动的机会，让她拥有了更高的人气。

有了直播平台为依靠后，"女流"开始考虑充实个人团队。自2010年开始发布独立制作的游戏解说视频并随之走红，她曾坦言很有压力："看的人多了，觉得要对得起大家的关注，所以对自己的要求也越来越严格。我觉得这是我火了之后一个挺大的变化，会越来越认真，这是好事。"

更加认真就意味着要投入更多的时间去制作内容，于是"女流"通过自己"女流"百度贴吧的吧主开始招兵买马了（图1-51）。在直播过程中，加入更多"小伙伴"，可以在很大程度上集思广益，把一部分的内容创作交给以前的粉丝、现在的"员工"来共同完成。

图1-51 "女流"招募启事

　　招人的消息一出，有不少粉丝踊跃报名，而协助管理贴吧的粉丝们会首先进行一轮筛选。在基本合格后，将名单交给她自己最后确认。顺利找到助手，主播的工作压力也会随之减轻，可以腾出更多时间专注视频制作和网店经营，毕竟视频和网店是更加稳定的收入来源。

　　网店自然不能只靠一个人，网页制作、客服、发货人、进货商联系人等缺一不可，主播们必然还需要一个专门经营网店的小团队，多方协力才能把网店办得红红火火。

2. 签约平台

　　并非所有人都能组成团队，那么加入平台也是不错的选择。包括"B站"在内的很多直播平台更愿意培养和支持自己的签约主播，为他们提供统一的团队服务，接取和策划品牌合作与营销内容。"鹰角"网络就与"B站"展开合作，就推广其开发制作的手游"明日方舟"达成协议。由开发商提供测试账号与资金，"B站"推出自己的王牌主播进行强势营销（图1-52）。

图1-52 "B站"强推"明日方舟"

　　虽然签约平台有"限制自由"的问题存在：由于协议存在，签约主播就不能推辞由"B站"组织的广告营销活动。但是好处也是显而易见的，主播可以做好自己擅长的事情，而不用担心前期、后期诸多的直播意外因素，也有固定的可观收入，不需要承担太大的风险。

一般网友们把这种签约平台和从开发商接取广告的手段称为"恰饭"（吃饭），虽然有调侃之意，但也说明了直播观众对广告并不排斥。在市场日趋成熟的前提下，他们也越来越清楚，主播们是不可能一直"用爱发电"的，需要靠直播获取收入。直播营销已经颇具"群众基础"。

在此需要不断强调一个问题：慎重对待合约。一旦签订合约，主播在合约期内就需要严格履行合约内容，不得单方面私自毁约，也不得与其他竞品平台进行合作。

1.4.3 内容是核心要素 <<<<<<<<<<<<<<<<<<<<<<<<<<<<<<<<<<

所谓直播，就是即时消息的传播，而这类消息的特征就是新鲜度。如果直播的时候，连这一点都不能把握的话，主播把大家都知道，甚至见怪不怪的内容来直播，那么这和录播有什么区别呢？而且已经看过的、了解过，没有任何优势的内容，还会有人再去看吗？直播内容是直播吸引观众的首要条件。不论如何，直播内容新鲜有趣，就会有一定的效果。

1. 保持原创的重要性

直播的内容最好是原创的，这样才具有独特性。比如说LOL这款游戏，有很多关于游戏比赛的直播和关于技能操作的技巧视频，但名为"徐老师来巡山"系列视频（图1-53），就反其道而行之，以"带你飞，带你走进垃圾堆"为口号，专为游戏玩家提供一些操作失误的游戏视频，引发观众的笑点。在各类规规矩矩的说教式游戏视频中，主播"徐老师"另辟蹊径，不说优点，反说缺点，这样的视频内容反而受到了广大观众的欢迎。

图1-53 "徐老师来巡山"视频

其实，原创跟自身的才艺脱不了关系，因为主播必须精通某方面的才艺，才能在才艺的基础上进行自由发挥，所以原创需要更高的技术含量。只要有较好的原创表演，通过直播这个平台进行发挥，就很容易吸引观众的眼球。比如很多才艺类的直播，如果用原创歌曲进行直播的话，其效果就不是翻唱其他人歌曲能够比拟的。这一点从冯提莫发布个人单曲的火热程度就可以看出（图1-54）。

图1-54 冯提莫的个人单曲

虽然冯提莫发布的单曲并非靠的是一己之力，但依然属于原创范围，属于人无我有。而且其他主播翻唱她的单曲也需要经过版权方授权，这本身就能为她变现。值得一提的是，在此之前，冯提莫本人也曾作为版权争议的主角之一，在直播时翻唱别人的版权歌曲而收到警告。这也从侧面印证了直播行业越来越成熟，没有原创能力的主播，将会逐步退出核心竞争圈。

2. 学会原创的技巧性

灵感和创意为原创增加了难度，这也是现在很多声音条件好的歌手不容易走红，反而一些很有创意的原创歌手可以依靠自己创作的歌曲，吸引更多观众注意的原因。但是直播平台从来就不缺乏唱歌好听的人，反而是那些有特色的原创曲目更能够吸引粉丝。当然，一味追求新鲜感而混入低俗、恶趣味的内容也是不可取的。那么究竟如何让原创变得更轻松呢？

其一，原创不等于无中生有。所谓原创，也是在吸收和接纳了流行趋势，结合自身特色所产生的新内容，并不是创造。就拿绘画来说，所用到的工具、技法，往往都是人尽皆知的，不可能去开发一个新的软件或者发明一个新的工具，而是在素材的组合、变形上下功夫，或是去画一些比较热门的题材。例如，"B站"某主播用SAI（绘画软件）绘制各类古风题材（图1-55）。

图1-55 古风绘画直播

其二，原创也有模板可以套。原创不是每天从头开始，更多的主播所选择的原创是有体系的。通常是围绕着某一个元素不变，对其他的元素进行替换重组。而这个不变的元素，就是我们的特色，让粉丝们看一眼就知道，这是属于某位主播的风格。

原创是直播的核心，因为粉丝们需要原创内容的刺激。坚持原创和创新，不断更新直播内容以保持新鲜感，做出新意和诚意，这样才会有持续长久的生命力和源源不断的粉丝。

1.4.4 移动直播领风骚 <<<<<<<<<<<<<<<<<<<<<<<<<<<<<<<

就现在来说，或许很少有人会坐在电脑前守着看直播了。"斗鱼""虎牙""B站"这些原来的直播巨头都有自己的App，只需要打开手机即可随时观看。而"快手""火山""西瓜"及"抖音"等短视频App，也避免不了涉足直播行业。用手机看直播的人数越来越多（图1-56），甚至已经超越了网页收看的人数。

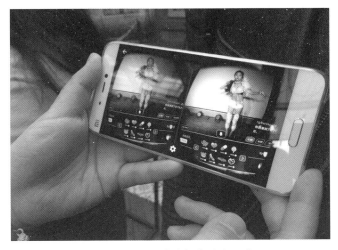

图1-56　手机看直播成为新风尚

移动直播是怎么火起来了的？可以追溯到2012年社交短视频的流行。由于移动直播是传统直播的分支，虽然在当时的下载量和用户数相比PC端少一些，但是用户增长速度远远高于传统媒介，2016年5月份，"花椒"首明星养成计划直播首播当日观看人数达120万；"聚美优品"直播营销推广中，人气"明星"杨颖现身"聚美优品"直播间，当晚在线人数突破300万。这些数量庞大的观看群体足以证明了新媒体产品移动直播平台的营销发展现状非常乐观。

这些移动端、PC端同步直播的营销方式，已经成为目前公司企业或个人营销传播的新形式。移动直播营销具有以下特点。

1. 实时互动的信息交流

"花椒"直播（图1-57）经常会组织平台上的当红主播前往明星发布会的现场，或录制专访的现场，让用户从第一视角参与活动当中，并且回答粉丝的提问，做到信息的实时交流。这种实时的信息交流，不会造成内容上的折扣，也避免了传播过程中的偏差。

图1-57 "花椒"直播

2. 线性播放获得持续性注意力

专门做商务视频直播产品的"微吼"，目前"IBM""微软""腾讯""中欧商学院"等在内的世界500强企业都在使用。创始人林彦廷认为同步直播具有线性播放的持续参与感，能有效促进行业研讨、巡展、峰会、网络会议等活动的传播效果。

3. 设备的便携性和低门槛

传统电视媒体直播都是用专业设备操作完成，普通人要想尝试一次直播体验不太容易现实。如今，大量的直播类应用在移动端快速普及，"映客""一直播""大象"等软件都提倡人人做主播的理念，使得直播的门槛大幅度降低。手机技术的不断革新，为移动端视频直播的推广提供发展土壤，而网络环境持续的技术性优化则降低了视频内容产生和资金成本，这给移动端视频直播带来了无限可能。

"工信部"数据显示，2018年中国移动互联网用户数接近10亿人，4G已经普及将迈入5G时代，移动社交行业正在越来越深地影响人们获取信息、沟通、商务等方式，在庞大的人数基础下，直播营销还会随着硬件科技的发展而进一步强化。AR、VR的迅速普及，4K手机的出现，Google眼镜的问世，意味着消费者很快就可以身临其境地观看讲座和参与到发布会中。

02

计划，直播
营销的需求

　　如果要把直播作为职业，甚至是通过直播进行盈利和创业，随便播一播显然是不行的。与其他职业类似，主播也需要有自己的职业计划。我们可以把直播理解为向粉丝们提供服务和内容的行业，做好直播计划，了解粉丝（受众）的需求，并根据需求选择自己所要直播的内容、营销的品类，是想要以此为长久生计的主播们需要了解和学习的重要内容。

2.1 需求，竞争的关键点

众所周知，用户需求对于互联网产品乃至任何产品来说，都是非常重要的，这关系到品牌和运营者的生死存亡。在互联网不发达的时代，经营者往往都是占有主动权的，很多情况下，他们提供给用户什么产品，用户就使用什么产品。而在电商高度发展的今天，用户的选择更为多样化，他们也逐渐占据市场主导地位。对商家来说，谁能更好地满足用户需求，谁才能获得流量，否则就有可能被淘汰。以用户为中心，以需求为导向，才能在激烈的竞争中获得胜利。

2.1.1 直播正由"蓝海"迈向"红海" <<<<<<<<<<<<<<<<<<<<<<<

今天，网络视频直播已经不算是"新词汇"了，而是开始成为人们生活中的"常态事物"。说其不算新词汇，是因为直播其实很早以前就出现过（论坛文字直播、聊天室和QQ群视频等），只不过近几年随着直播平台的百花齐放（图2-1），而开始变得愈发红火。说直播是常态事物，是因为其切切实实地走进了我们的日常，成为娱乐、购物，甚至工作上都不可或缺的一部分。

图2-1 各大行业涌入直播

虽然直播的发展道路并不算是一片坦途，但是总体来说，网络直播兴起是符合互联网和媒体发展潮流的，这一点从直播的"蔓延"速度和行业的竞争趋势可以看出。从2015年到2016年，极短的时间内，不光是新晋的直播创业者，连社交、电商、视频App，甚至传统行业都开始做起直播。自媒体们蜂拥而至、行业巨头也纷纷入局，出现了"千播大战"的壮观景象。

　　根据大数据分析公司Quest Mobile统计分析，从2017年到2018年第一季度，直播及短视频增长幅度甚至超过了500%，月活跃用户几乎增长了1倍。但同时，自2017年对直播和短视频行业监管力度加强之后，不论是直播平台的运营门槛，还是主播的入行门槛都相应提高；加上直播市场在短短2~3年内涌入的大量血液，直播已经从2015年的蓝海，变成如今的红海（图2-2）了。

图2-2　直播由蓝海变成红海

　　我们也不难看到，在野蛮生长的发展期过后，大量直播平台的涌入导致直播内容同质化越发严重，直播平台也陷入了抢夺资源和市场的局面。直播在花钱砸流量、用流量换投资、再用钱买流量中轮回，投资方和创业者奋不顾身跳了进去，但却很难像以前那样轻易站稳脚跟。在"千播大战"高峰期，甚至同时出现了上百家直播平台。这其中，部分直播平台为更大范围地吸纳用户流量，而将同一品牌拆分为众多版本和名称的App，即便除去这一部分，直播平台依然不低于百家。

　　讽刺的是，至今已有十几个App无法登陆、无内容更新或已经下架。这其中主要的两种原因就是打擦边球被政策拒之门外，以及内容的单一和资本的不足。"光圈"直播（图2-3），是直播倒闭潮中受关注的一个，其曾由"一资本""紫辉创投""协同创新"这三家投资的1250万的A轮融资，估值5亿，但用户量始终表现平平、更无须谈盈利模式，如今这家直播平台已经人去楼空。

图2-3　"光圈"直播Logo

不过，大多数较为多元化的直播平台关停并没有如此惨淡，其中许多公司大多并行经营着社交、娱乐类产品，例如"酷狗"等。在2015年前后，趁着直播风口匆忙入场，将直播视为公司的一次新转型，但尝试一段时间后便无奈放弃。因为实在是没有太大的创新，反而分散了原来的团队、资金和精力。其结果要么是偷偷下架，或是慢慢淡出视线，甚至有的上线至今依旧不被人所注意。

而现阶段市场占有率较高的"老牌"直播平台则开始细分市场，如"斗鱼""战旗""虎牙"等多涉及游戏内容；"映客""六间房"等涉及的内容则多为"秀场"直播；而腾讯的"NOW"直播是基于社交的直播互动；另外，淘宝、"聚美优品"直播则属于电商营销类直播平台。但无一例外的是，它们除了在发展自己的优势领域之外，并不局限于此，也在不断地开拓新的板块（图2-4），以求突破。

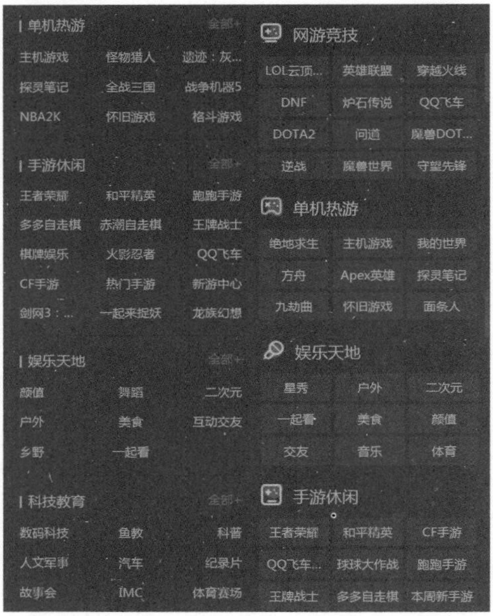

图2-4 "斗鱼"（左）和"虎牙"（右）丰富的新板块

除了以往我们所熟知的体育、游戏等方面的直播，旅游、美食、户外甚至是科技教育，也成了直播的"新大陆"，虽然直播行业呈现出"红海化"，但对于主播来说，却有着更为广阔的舞台。而直播行业不断迸发出的新生命力，也为主播们吸引了更多的资本——广告营销。越来越多的品牌，开始与人气主播进行合作，宣传自己的产品和服务，甚至花重金打造自己的直播团队，为自己的品牌站台。

但无论如何，有市场的地方就会有竞争，主播们只有坚持原创，敢于创新，积极开拓新内容，抓住用户需求，才能保证持续发展。有趣、有用就一定不会被淘汰，依旧是内容为王。

2.1.2 | 场景渲染成为原创背景 <<<<<<<<<<<<<<<<<<<<<<<<<<<<

我们平时能看到的主播工作内容有什么？穿漂亮的衣服、化美美的妆；尽心尽力地打磨技术，绞尽脑汁地想搞笑段子，呕心沥血地做一些特别的内容等。其实这些都是为了搭建场景。当网友们开始关注一个主播，主动走进其搭建的场景之中，就成为直播经济链中的一个"环节"了（图2-5）。

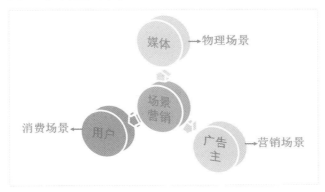

图2-5　用户是场景影响的环节之一

简单来说，直播的场景就是，主播在什么样的故事背景下直播，或者说以什么为主题进行直播。场景往往是与用户需求、资本需求挂钩的。常见的直播场景有以下几种。

1. 娱乐

娱乐场景涵盖了才艺、"秀场"游戏等直播早期分类。这一类别场景丰富，一首歌、一种妆容、一个风格的穿搭、一种有趣的游戏，甚至一个搞笑的段子，都可以成为与粉丝之间的话题，让喜欢同样内容的人们很快聚集在主播的周围，达成默契和认同感。而这些场景中，也能很好地穿插一些商业品牌，游戏主播的外设店、网咖（图2-6），美妆主播的同款代购，服装主播的衣服小店比比皆是。

图2-6　主播"大司马"的"真皮"网咖

例如"大司马""若风"等知名游戏主播，就开设了与自己场景内容相关的网咖。这其中，就与他们的内容场景分不开。这些早年的职业电子竞技选手，直播内容往往也是LOL等比较适合在网吧集体"开黑"（一群好友连排玩游戏）。在直播中对自己品牌的宣传就变得毫无违和感，甚至反过来能够为直播制造更多的话题，成为他们直播间独一无二的原创背景和内容。

对于新晋主播来说，或许没有如此雄厚的积累去经营自己的品牌。但是，需求合作的产品和可以签约的品牌也不在少数。不用担心没有渠道，在正式注册为某个平台的主播后，直播平台本身也会为旗下的主播"拉赞助"，找到合适的第三方。如果比较熟悉直播圈的，也可以加入一些直播公会（图2-7），这些公会小到十几人，大到数百人。有专业的团队进行合作接洽、主播培训等。

图2-7 "虎牙"直播平台与直播公会合作

只有具备了场景，才能让直播言之有物、栩栩如生。而这些团队和平台，在主播职业化的道路上，提供的就是场景策划，帮助主播找到自己的原创道路。娱乐场景的渲染，尤为需要注意的是严禁聊得兴起信口胡说。不少知名的大主播，就是在标榜个性的道路上失去了方寸，通过诋毁、夸大和触碰道德底线的方式吸引注意，营造场景，最终只能是自毁前程。

2. 餐饮

看过直播的人多少能了解，除了纯娱乐直播，现在的吃播、试吃大会等，也逐渐在直播圈内深入人心。较为典型的一类就是"大胃王"主播（图2-8），场景可想而知就是美食和"吃吃吃"。通过挑战一些超大份的美食、较为极端味道（辣、酸等）的食物，引得粉丝食指大动。心理学研究表明，看人开心地吃东西，也能够达到放松身心的效果，甚至让人也跟着增加幸福感。

图2-8　某韩国"大胃王"主播的吃播

当然，"吃播"也不是一件简单的工作。食材的选择上必须花样繁多，足够吸引人。"吃播"的场景渲染是比较复杂和专业的，不少人通过粉丝留言推荐、微博美食排行榜等寻找自己的"目标"。而较为成功的"吃播"，需要同餐饮行业进行合作。"密子君"就是典型的案例（图2-9），一次"海底捞"的吃播，吸引了大批粉丝效仿，出现了"明星效应"。其实这类吃播的场景渲染，类似于我们熟悉的汽车测评、旅游测评，在制造内容的同时，也把品牌"植入"粉丝脑海。

图2-9　"密子君"的海底捞吃播

怎么吃得性价比高、怎么吃得花样繁多与众不同，这就是"吃播"的原创内容，而了解这些内容的往往是餐饮行业本身。"吃垮必胜客""吃垮海底捞"这样的主题，看似让餐饮品牌叫苦不迭，其实大多数在策划阶段，就少不了商家的影子。再例如，被评为"最难喝"饮料的"崂山白花蛇草水"后来也被官方透底，是由集团内部渲染的一次场景营销，一次"自黑"的独特原创。

3. 电商

电商的根本就是流量，既然流量在直播圈，那么电商也会以最快的速度跟上来。直播行业数据分析显示，比起男性粉丝对游戏和才艺直播的喜爱和关注，女性粉丝更喜欢徘徊在美妆、换装的直播间，因为她们想要得到一个真实的参考。电商的优势是网络，但劣势也在于此，用户无法通过网络来试穿、试用，导致用户体验成为难题。而直播，能够为这些女性用户构建一个另类的体验场景。

从事电商直播的主播，所需要渲染的场景往往由品牌所决定，因此在选择合作品牌或开设自己的品牌店时，要充分考虑到受众面。例如当季流行款（图2-10）、新年流行色等，而签约也不宜过长，否则难以赶上流行趋势的变化。当然，与娱乐主播不同，电商主播往往需要自身具备一定的模特潜质，能够衬托出服装、化妆品品牌的优势，并非对每一个人都适合。

图2-10　服装主播的潮流工作室

除了服装和化妆品，一些大牌的科技公司也参与到电商直播中来，例如"小米"的无人机发布会和试飞直播、"360"的直播等。"小米"CEO雷军也当仁不让地成为公司的头号"网红"，在品牌背景下，原创内容层出不穷，也为"小米"等品牌企业的直播渲染出了得天独厚的场景优势。

4. 教育

教育类的在线互动直播，可以追溯到"YY"语音时代。在线课程、语音解答，成为多少人考研、考级路上的伴侣。对于已经渡过了学生时代，走向社会的我们来说，传统的学习方式已经不能最大限度地满足碎片化的学习。简而言之，我们基本找不到什么集中学习的时间，也不可能去固定的场所上课。课程直播带给我们的（图2-11），就是随时随地学习的可能性。

图2-11　课程直播

这类直播的场景就是知识，渲染的手段就是简洁易懂、全面实用的流程。拥有某类特长或职业背景的人，都能够凭借自己的一技之长——"达者为师"。可以是吉他教学、绘画教学，也可以是语言教学、软件教学，只要能基于粉丝的需求，提供干货、解答问题，都能够拥有自己的一席之地。

与其他类直播不同的是，教育直播的场景，可以延伸到直播以外的地方——录播。采用录制软件将自己的在线课程录制、剪辑，上传到自己的社交账号或视频网站，还能够产生附加值。教育类主播，更应该关注的是教育本身的场景是否符合用户需求。例如CAD教学，是否仅仅是枯燥的基础入门，还是有趣的制图案例解析；又如吉他教学，是陈词滥调，还是原创小调。

5. 行业

近两年，医疗直播（图2-12）、企业培训等"直播上班"也悄然兴起。旨在将这些以往颇为神秘的行业，通过直播的形式更好地展现在大众面前。年底，出现了不少直播公司年会的情况，除了能够向社会大众展示企业文化和公司风采、增加品牌号召力外，还能够吸引不少潜在的有生力量进入公司。行业直播的场景渲染旨在展示别人平时看不到的幕后，以反差满足粉丝的探知欲。

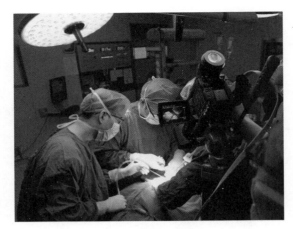

图2-12 医疗直播

例如一场取得患者授权同意的手术直播，就有多重的意义。这样的场景渲染，一来可以培养医护人员，让他们在观摩中学习；二来可以推广技术，向大众展示医疗新技术的安全可靠；三来能够拉近医生与患者之间的距离，减少因为不理解而产生的"医患矛盾"。医院同样需要宣传，医疗直播的出现，也为他们增加原创直播内容，在提高医院品牌知名度方面有着莫大的好处（图2-13）。

图2-13 医疗也需要品牌效应

如今已然进入了场景时代，对于各行各业的直播来说，场景营销都是必不可缺的。场景可以是线下的真实场景，也可以是线上的虚拟场景。现在人们时时刻刻处于场景中而不自知，这也显示出了场景潜移默化的强大影响力。搭建场景不能一蹴而就，没有捷径。

"罗辑思维"联合创始人之一的吴声曾将场景与产品画上等号，认为产品即场景。的确，产品与场景密切相关，产品置于某种场景之中才会发挥功用，场景则起到了烘托作用。场景渲染得越真实，为产品打上的镁光灯越耀眼，产品越有销路。但耀眼不能过度，否则就是夸大效果的恶性营销，品牌的产品与场景相得益彰才好。

在用户的某一个生活场景中，适时提供其可能需要的以及关联的产品或服务，便能获得最大的爆发能量。吴声以"咖啡+用途=品牌"的举例梳理了产品与场景搭配情况：咖啡+商务="星巴克"；咖啡+闲聊="漫咖啡"；咖啡+图书="雕刻时光"；咖啡+方便="连咖啡"。不同的品牌根据不同的咖啡特点搭建了新的场景，针对不同的目标人群发挥了咖啡这一产品的最大功用。

场景听起来有些虚幻，其实万变不离其宗——始终坚持以原创内容为目的，以提供优质服务为宗旨就可以了。真正为用户思考，找到用户的痛点，就能够明白如何搭建场景；结合自身特色，不断强化业务能力，就能够为场景提供丰富多彩的渲染材料。

2.1.3 品牌价值是不变的真理 <<<<<<<<<<<<<<<<<<<<<<<<<<<

值得一提的是，不管怎么样去营造场景，品牌本身所能提供的价值都是核心所在。简单来说，产品即品牌，产品定位与场景搭建一定要相符。而场景搭建离不开品牌本身的"气质"，场景最后是什么样子取决于品牌的真实价值。在"产品——场景——品牌"链条中，品牌构建才是终点，也是重点。产品和场景都为品牌服务，没有品牌力的主播很容易在竞争中"陨落"。

1. 品牌需维护

直播不能够凌驾于品牌之上，主播"自嗨"（自我陶醉）到忘记"初心"就很容易出状况了。2016年某平台主播依托于自己的网店开始直播（图2-14），到2017年下半年，仅10个月就实现了销售翻番的业绩，她也因此尝到了直播的"甜头"。对于粉丝"人美、声甜"的夸赞，全部归结于自己的天然优势，觉得既然做主播更加轻松愉快、挣钱也更多，那还费那么大劲开店干什么呢？

图2-14 淘宝直播

2018年开始，该主播逐渐将自己的重心转移到直播上来，从以前卖力的调查、搭配，到吃"颜值饭"，期初确实有过一段时间的辉煌，但缺乏内容的直播间慢慢是观看的多、参与的少。粉丝数上升却很难变现，打赏也变得越来越少。疏于打理的网店，也把曾经客服给力、服务周到的口碑败得一塌糊涂。这位主播显然对于自己的粉丝需求、场景优势定位发生了偏差，忽略了赖以发展的本钱——品牌。

无独有偶，2018年，某知名游戏主播（原某站视频制作达人）面临了前所未有的风波。原本依靠着对游戏的执着和踏实的个性形成独特品牌（甚至还有粉丝自发组织的辅助团队），成为某直播网站的台柱子级人物。不知是迫于生活还是其他，原本"吸粉"的源泉——视频被逐渐冷落，制作开始敷衍。加上跳槽失败（图2-15）引发了"心口不一""打脸"声音的蔓延，一时间掉粉无数。

图2-15　某主播违约跳槽

这也是对粉丝需求判断失误的一个典型案例。找到自己的品牌价值，或许不会让主播轻而易举地更上一层楼，但却能够在长久的职业化道路上，帮助主播认清形势，少走弯路。虽然经历了一些打击，这名主播也因为应对不够冷静和真诚而"败"了不少粉丝。但这些声音也让他认识到了自己的不足，开始重新捡起自己的品牌优势，专注于视频制作与游戏直播，亡羊补牢为时未晚。

在直播行业，我们常说的"人设"（给人的表面印象）其实更准确来说，应该是品牌。而我们口中所谓的"人设崩塌"，也应该是因为对品牌优势判断失误，导致品牌价值受损的一种现象。品牌价值是不能被动摇的根基，是直播的大旗，倒下了就会淹没在竞争的洪流之中。

维护品牌价值，就需要做到以下几点。

★ 时刻把握用户需求的变更和扩展，脱离粉丝需求也就脱离了对品牌力的把控。

★ 不断更新原创内容，保持新鲜感和独特性，增强粉丝黏度。

★ 增强品牌文化内涵，赋予品牌不一样的意义，让粉丝对品牌产生自豪感。

2. 粉丝是根本

对于品牌价值的维护，归根结底还是服务于粉丝的需求。但并非所有的粉丝需求都是显性的，主播想要掌握直播营销的主动权，就需要学会如何分析和挖掘粉丝的潜在需求（图2-16），即寻找直播营销的痛点。可以说，一个品牌或产品对粉丝是否有价值，取决于粉丝有多需要这款产品。当然，这并不意味着主播盲目追逐粉丝不断变化的需求就能达到效果。

图2-16 分析用户需求

（1）要确定自身能力

主播提供的产品和服务当然是越强大越好，但也不能超出自己的风险承担范围和盈利安全线。毫无利益可取的营销，是本末倒置的。粉丝对产品和服务的需求在得到长期、稳定的满足之后，才能产生足够的黏性。只图一时痛快，并不会被粉丝记住。

（2）分析粉丝潜在诉求

直播营销与其他任何市场营销的共同点在于，能够浏览到同一信息的某个粉丝群体，肯定有他们的共同特征，我们要做的就是为这些特征进行画像。例如，某些"守夜冠军"（深夜至凌晨直播的主播）直播间的粉丝们突出的共同点就是经常熬夜。

那么，熬夜产生：饥饿→零食/眼袋→护肤品都是可能的诉求。结合自身分析，若是以男性和年轻人为主的游戏直播粉丝，对熬夜充饥的零食更感兴趣，因为本身年纪轻，对皮肤护理需求不会太大。生活、情感类的直播粉丝，则以女性、主妇居多，诉求自然不同于年轻人和男性。

（3）找到合适的表达法

营销是一门艺术，其所运用的话术要精雕细琢，太过"扎心"的话语会起到反效果。例如，产品是减肥瘦身类的，动辄"胖子""肥宅""油腻"；产品是头发护理类的，总是说"秃顶""地中海"，以上这些字眼都会引起很多实际需求者的心里不适，感觉自己被"羞辱"。

粉丝作为消费者的时候，除了对产品和服务的需求外，同样也是存在情感需求的（图2-17），这种需求恰巧就是提高附加值的关键。要想在同类产品、服务甚至内容中脱颖而出，从细节上满足消费心理是不二法门。同样是授课，诙谐幽默的老师总会更受学生的欢迎。

图2-17　情感与价值同样重要

2.1.4 | 求快，新鲜热点迅速搭载 〈〈〈〈〈〈〈〈〈〈〈〈〈〈〈〈〈〈〈〈〈〈〈

诚然，粉丝需求不是一成不变的，但万变不离其宗的是——新鲜感。出于对探索未知的好奇心和关注热门的从众心，粉丝们很容易对流行事物产生浓厚的兴趣。因此，主播们唯一需要遵循的规则就是永远提供新鲜的内容或形式，否则经过一定周期后，关注度就会慢慢下降（图2-18）。

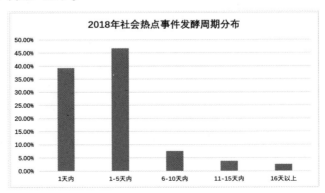

图2-18　热点发酵周期

　　某一热点话题或事件，黄金反应期是1~5天，超过5天之后会呈现断崖式下降。这个时候会有新的热点取而代之，虽然并非每一个热点都适合所有的主播，但旁敲侧击地提及、适当地接入直播，有利于主播制造与粉丝之间的共同话题，满足粉丝的社交需求。这是主播们，尤其是新晋主播们维持直播间热度和吸引粉丝眼球的"捷径"，在没有自己明确的风格和积累之前，借助外力是必需的。但从周期、契合度等方面来分析，搭载热点也需要遵循一定的法则。

1. 反应迅速

　　主播作为新媒体从业者，必须适应网络快节奏。对热点的反应要极为迅速，没有热点能够让我们有充足的时间慢慢分析回味。最好能够在2~3天的时间内做出反应。这就需要主播自己有一套分析热点事件的模型可以套用：性质-分类-相性-内容。

★ 性质。此次的热点事件属于什么样的性质，简单可以分为正面、中性、负面。正面事件一般包括喜讯、节日等，例如莫言获得诺贝尔奖、国足出线等，可利用率最高。中性事件即突发性的报道，不带有道德、法律色彩，需要经过一定的解读。负面事件就是不好的事物，如哀悼等，尽量避免搭载此类热点，否则可能招致反效果，如被批"蹭热度"和不尊重。

★ 分类。根据热点事件的领域范围，可以分为时政、娱乐、社会、行业、生活等。其中较为稳妥的三类就是娱乐、行业和生活。娱乐圈中的突发热点，如偶像结婚、新片上映；行业，如新品发布、重大发明等；生活范围较广，大到环境变化、小到家长里短。

★ 相性。意为人与人、人与事物、事物与事物之间的契合度。在这里，就是指热点与直播主题或品牌的相关度。强行搭载热点不但效果不佳，还容易破坏口碑。例如，英雄联盟（IG俱乐部）夺冠，就是与游戏主播最为契合的正面案例（图2-19），主播们带动粉丝一起为电竞加油喝彩。而杜嘉班纳事件，就是与时尚、美妆主播息息相关的反面案例，号召粉丝及时站出来维护祖国的尊严，也是主播们体现自己直播品牌的民族性、处理热点事件与自身关系的好时机。

★ 内容。首先是主播打出的口号和标题，再好的热点也需要去精心营销，才能发挥效果。一个好的标题，能够拉近自己与热点的距离，吸引粉丝进入直播间关注直播的内容。其次是内容，为了避免成为标题党，合理安排与主题相关的内容也是必要的。如某主播"庆祝国足亚洲杯出线：实况足球水友赛"，就很能调动粉丝的积极性和参与感。

图2-19　IG夺冠

2. 浅尝辄止

热点搭载除了要来得快，也要停得快。不要深陷热点本身，是基本原则。热点不等于品牌，只是帮助品牌成长的辅助工具。如果没有固定的"根基"，一味地追寻新的热点，直播的风格确实多变，但也会变得难以留住和培养核心粉丝群，人一批批来，也一批批走，每次都是从头开始。这一点在游戏直播区就体现得极为明显——什么火就玩什么（图2-20）。

图2-20　追着热点跑

最早成为主播宠儿的游戏，无疑就是LOL了，几乎占据了游戏区的半边天。而随着"守望先锋""绝地求生""堡垒之夜"等竞技游戏此起彼伏，大部分原本"死磕"LOL的主播辗转于各大"网红游戏"之中，以为只要抓住热点就抓住了流量。然而频繁地更换主题内容，却导致本来就不多的粉丝资源再次流失，新的流量也一时难以形成气候，最后多数人不得不放弃直播。

主播偶尔尝试新的事物，并不是什么坏事，还能拓宽流量渠道，吸引更多的粉丝。但是如果把握不好度，不能形成自己的品牌效应就很不妙了。不妨看看曾经人气极高的主播"小智"，其昵称一直都是"LOL无双小智"，主打LOL直播。在此过程中，他也乐得去玩一些人气高的新游戏，也一样乐得"随大流"去开自己的零食店，但从未失去过自己在"专业"领域的地位和话语权。不论什么时候，他的粉丝想到他第一反应便是LOL游戏主播这样的品牌标签。

2.1.5 求准，寻找角度平稳发力 <<<<<<<<<<<<<<<<<<<<<<<<

前面说过，追求热点需要把握热点与直播的相性。但能够完美契合的热点不会随时都有，一味被动地等待，是每一个主播都无法承受的。直播如同逆水行舟，不进则退。今天我们找不到新的内容，明天就有可能成为旧的历史。那么应该如何去寻找新的内容呢？

1. 直播内容并不饱和

从整个行业的流量增长率来看，近两年确实趋于饱和状态了。但是内容却同质化严重，电子竞技直播和"秀场"直播，几乎占据整个内容版块的80%。大家都在玩着同样的游戏，唱着耳熟能详的改编歌曲，第一个，乃至第一百个"吃螃蟹"的人，已经走在了我们前面，想要再去追赶可能性不大。但直播并不限定内容范围，只要合理合法、符合道德观。

在大众审美趋于饱和的情况下，小众的东西更能够吸引粉丝的眼球。而大家也都开始主动追寻一些逆潮流和小而美的事物。美妆主播中开始出现汉服秀、"秀场"主播开始改编古风歌曲、游戏主播开始挖掘像素游戏（图2-21），都是逆向思维很好的案例。

图2-21　像素游戏"传说之下"

第一个直播"传说之下"（由独立制作人Toby Fox制作的像素游戏，由于音乐与剧情极佳，被全球共42家相关媒体平均打出了92分的高分）的主播已经无从考证，起初很多主播突兀地开始玩起一款像素化的游戏，让被画面"惯坏"的粉丝们无所适从，甚至觉得兴致缺缺。但只要接触过一段时间，无一不是天天催更，自己亲手"入正"（买正版）体验。

等到其他绝大部分主播反应过来时，这种以剧情取胜的游戏，已经被"剧透"个干净。虽然游戏持续升温，但直播的意义已然不大。在游戏获奖后的采访中，制作人对制作周边表示开放态度后，更是迎来了一波热潮，不少主播也挂起了"传说之下"周边出售的大旗。

这样的案例比比皆是，"B站"视频制作人"墨韵随步摇"的古筝演奏ACG（动漫、漫画、游戏）音乐、知名网络歌手"双笙"（翻唱古风歌曲，被日本网友誉为能代表中国的声音）爆红，都意味着传统文化直播的可行性和逆潮流的爆发力。

2.　平稳过渡切忌激进

作为新晋主播，经过一系列尝试才能找准自己的方向，这也是必经之路。能耐得住寂寞的主播不在少数，可粉丝暴涨却能淡然处之的就并不多了。2017年，某位一直以制作精良而闻名的小众视频制作人兼主播，在自我调侃"五行缺火"数年之久后，一部视频带火了他。

这部视频的粉丝评论和"点赞"数量远超平常，他觉得自己终于找到了秘诀。没有粉丝互动调查，也没有试探风评，他一门心思扑在了这个让他走火的点子上。突然成为高产作者和主播后，却并没有臆想之中的"平步青云"，他发现自己投入巨大，却收效甚微。后来他在粉丝评论中慢慢找到了原因，原来他这次的主题正好与某位"大咖"相似，被搜索引擎大数据推送（图2-22）给了"大咖"的粉丝。

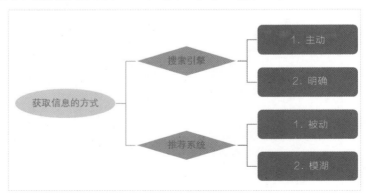

图2-22　搜索引擎和推荐系统

除了白高兴一场，这位主播的核心粉丝也感到了困惑，纷纷留言抱怨"以往拖更，但每一部都是精品啊，现在怎么如此随意了？""说实话有点失望。难道你这个浓眉大眼的家伙也膨胀了？"在一一回复的过程之中，他的粉丝逐渐有了涨势，这才让其醒悟：原来，他一直没有注意到的粉丝需求，是与自己的互动交流过程。并随后在自己的微博上表示自己太过激动，没把握好分寸，也赢得了多数粉丝的谅解。

2.1.6 求新，大刀阔斧改革自我 <<<<<<<<<<<<<<<<<<<<<<<<<<<<

根据对全网直播平台的统计分析，2018年内，全网约有2000万人参与到直播中来。而在如此庞大的直播人群中，这里截取头部的主播数据，来看一看比较受欢迎的直播内容到底有哪些（图2-23）。而在其中，"绝地求生""王者荣耀"和"英雄联盟"这三款竞技游戏几乎占了一半，游戏占比超过7成。内容同质化是目前直播发展的瓶颈，这不是某一个主播能改变的现状。

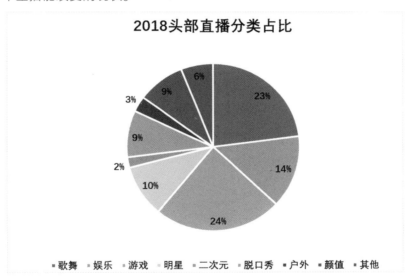

图2-23 头部直播分类

那么在如此形势之下，到底该如何才算创新呢？这就需要我们换个角度来思考问题。粉丝们看直播到底是出于什么样的需求呢？游戏或者其他的直播内容是一个载体，粉丝们所追求的是互联网时代的社交需求和社会认同。对于自己感兴趣的事物，有一群志同道合的人分享、有一个意见领袖能够带给自己不一样的体验。换言之，主播要有自己独特的个性和声音。

要想改变自我，就要剖析自己的优势。

1. 把擅长的发挥到极致

在美妆主播中，有一个极度"个性"的存在——"艾克里里"，一反美妆主播女性为主的常态，这位男主播的人气却是很多同类女主播无法企及的。究其原因，就在于他"厚脸皮"的"自黑"精神，利用性别反差和"扮丑"、搞笑幽默的话语，让化妆变成了一件无比好玩的事情。

再来看看游戏主播，"纯黑"可谓是无人不知无人不晓的"攻略狂魔"，起初以录制游戏无伤通关视频而为人所熟知的他，在接触直播之后依旧"十年如一日"。他的直播（图2-24）内容很简单，说话也很少，就是默默地、一遍一遍地为自己的视频累计素材，挑战无伤通关。

图2-24 "纯黑"直播间

绝大部分的创新，其实就是不断地打磨和完善自己，而不是毫无头绪地变换内容和形式。只要把自己能做好的事情做到极致，就会变成别人很难模仿、无法复刻的原创内容。"艾克里里"的搞笑无厘头、"纯黑"的较真和专注，为他们树立了鲜明的品牌旗帜。

* 培养自身优势。这种优势并非是先天所得的，上千万的直播基数，天赋、颜值、运气这些并不是一般人可以掌控和培育的。而我们所能够做到的，就是通过认真记录和分析每一条弹幕、每一次留言，不论是夸赞还是批评，都有其价值，要真正理解粉丝需求所在。

* 展现另外一面。以前大家都叹服"纯黑"无伤操作的厉害，但却鲜有人知他为了一期视频需要尝试多少次。很多人被"老E"（知名主播和视频作者）的视频逗得开怀大笑（图2-25），但却不知道短短几分钟的视频，需要搜集和剪辑素材好几天。创新是为了让别人更了解我们。

图2-25 "老E"令人捧腹的视频

2. 学会放弃以前的数据

并非所有主播都是从零起家的"小白"，也有不少以前就在各自的领域获得过成绩，希望趁着直播的风口拓宽自己发展道路的人。"人力VOCALOID"（合成调音）视频制作人"绝之望的马沙"早期以直击人心的填词和优秀的合音技术而闻名。虽然相对小众，但也有相当牢固的粉丝基础。为了能够增加自己的实际收入，"马沙"（粉丝起的昵称）做起了直播（图2-26）。

图2-26 "马沙"直播间简介

出于内容的考虑，她并没有选择与自己原有"辉煌"相关的主题。实际上，直播用后期软件剪辑音频是一件相当枯燥的事情，并不具备直播效果。强行选择消费粉丝热情，或许前几次直播会有一部分核心粉丝买账，但这显然是不利于长久发展的。放下自己的"偶像包袱"，她选择从新人主播做起，通过征集粉丝意见和综合自己的兴趣爱好，开始了一些游戏直播的尝试。

虽然因为在线下生活中还需要上班，又要保持着视频的更新，导致"马沙"的直播时间很随意。但这种看着自己关注的"网红"从另一个角度重新出发，也让粉丝们充满了好奇和关注下去的兴趣。目前，她的直播间关注人数持续上涨，作为"新人"转型也算成功。

（1）不要消费情怀

直播圈不缺乏转型的案例，很多选手（如SKY李晓峰）是从职业玩家退役而来的（图2-27），而如今能够在行业内站稳脚跟的，都是调整好心态再出发的。对于转型，并非所有粉丝都能够接受，试着把主动权交给粉丝，而不要无差别地对所有粉丝进行跨界营销。

图2-27　李晓峰的直播转型

（2）接触新鲜内容

很多职业人士都有一个不好的习惯——过度的职业自豪感。放到直播行业来看，玩A游戏的人觉得自己比较"高大上"，而玩B游戏的人就比较"幼稚"；游戏主播觉得美妆主播没有技术含量。这种直播"鄙视链"一直存在，而放下偏见，偶尔试着尝试新的内容并无坏处。

2.2　选品，产品选择要慎重

什么是选品？主播想要变现，加盟电商或开店创业是一条不错的选择，而选择需要经营的商品，就是所谓的选品。很多主播可能觉得这个东西离自己很远，在开店选品时就是凭直觉和喜好，然后靠自身人气吸引流量就完了。但电商经营不能仅依靠人气，如果作为根本的产品不佳，不仅会导致销量惨淡，甚至还会对自身的人气产生影响，背上圈钱主播的骂名。

2.2.1　花样零食总是万金油 <<<<<<<<<<<<<<<<<<<<<<<<<<<<

直播产业链的进一步完善，让纯粹直播的主播越来越少，更多的主播开始借着直播营销自己合作或独立开设的电商产品。直播人气就是流量，而将流量转化为切实利益，开淘网店可以说是很好的办法，而零食品类多、需求大、成本低，也成为当红主播网店里必不可少的一个门类（图2-28）。

图2-28 主播"黑桐谷歌"的零食店

游戏攻略主播、视频制作人"黑桐谷歌"是较早一批直播、电商两开花的人了。本身是新疆人的"黑桐谷歌"背靠自己家乡的优势，让自己的妻子（粉丝昵称谷嫂）帮助经营一家主打"天润"酸奶、饮料等的零食店。起初只是因为他全职视频制作，需要拓宽自己的收入来源。后来没想到的是，在自己视频和直播中"硬广"植入取得了惊人的效果。

零食确实是开店创业变现的万金油，但是粉丝情怀却不是店铺长久盈利的摇钱树。机会总是留给有准备的人，如果没有做好相应的功课，反而会让自己"掉粉"。

例如，前DOTA（基于魔兽争霸的延伸）选手"伍声2009"（粉丝称大酒神）视频播放量破2亿，"斗鱼"直播间关注人数超过86万。开零食店或许是他一时兴起，忙于自己事业的他无暇顾及。很快就因为客服质量和服务跟不上，从单品月销量数千（在2013年算是不错）到现在无奈下架（图2-29）。

图2-29 "伍声2009"淘宝店产品已然下架

1. 零食的经营优势

然而即便如此，现在拥有自己零食店的主播比比皆是，例如 "女流" 和 "PDD"。主播们为什么首选零食店呢？这就与零食做电商的优势分不开了。

★ 零食销售周期短，仓储压力小，甚至只要找好渠道商，还可以直接帮忙发货。

★ 零食受众广，需求量大。直播粉丝群多是青少年，零食可以说是普遍的爱好。

★ 成本低，前期投入不需要太大。而且定价不高，粉丝也容易接受。

★ 风险小，只要进货渠道可靠，一般不会出现什么太大的问题，不会给自己带来额外的麻烦。

主播开淘宝店卖零食（图2-30）确实是明智之举：消费群体和商品完全契合，而且观众在各种电子设备前面看直播的时候，手边多有零食，也不会在宣传时造成难以接受的尴尬。当流量遇上渠道，自然会迸发出强烈的火花。但也并非只要有流量就万事大吉了，还需要投入精力去运营。

图2-30　直播卖零食

2. 零食的品类选择

单就零食一门来说，可以选择的品类就是五花八门的。那么作为主播，该选择什么样的品类比较合适呢？主播有责任和义务了解和保证食品来源的可靠性。合作方或者自己开的网店，一定要拥有可查的许可证（图2-31）。除此之外，还要注意保质期、体积、创意3个方面。

图2-31 《食品经营许可证》

★ 保质期：并非所有食品都适合网络售卖，对保质期在1周以内的食品要慎重。保鲜要求高的食品运费也会增加，且容易因过期引发纠纷。

★ 体积：体积较大的食品在包装、运输方面的成本消耗也会很大，须慎重选择。

★ 创意：食品的品类容易重复，货源选择市面少见、进口等不太容易在线下买到的为佳。

2.2.2 根据直播类别选产品 <<<<<<<<<<<<<<<<<<<<<<<<<<<<<<

那怎么样才算是做好准备呢？首先从选品开始，零食确实保险，但利润空间不算大。而且也不是什么类型的主播开零食店都适合。开店切忌草率，要仔细规划开店的过程。根据直播类别定位选品，是开店非常重要的一个方面。那具体应该怎么做呢？

1. 背靠直播主题

主播就是自己店铺的免费代言人，因此店铺风格和产品要尽量与本人相符，差别太大的话，主播的流量优势会被弱化，提起店铺根本联想不到主播，那开店就失去了原本的意义。如游戏主播适合开设的外设店、时尚主播开设的服装店、美妆主播化妆品店等。

如果是作为美妆主播出道的，我们就可以选择一些化妆品、护肤品之类的产品进行销售，一方面自己天天用到这类产品，本身对相关产品的特征比较了解。另一方面，美妆主播形象一般较好，选择这方面的产品进行销售的话，就可以利用自身的形象为产品做宣传。比如从幼师转行的"95后"做淘宝美妆主播的"大宝"，在日常直播的同时，也会卖美妆类产品（图2-32）。

图2-32　淘宝美妆主播"大宝"

"大宝"的成功除了背靠优势，与自己的踏实也是分不开的。为了验证化妆品的效果和安全性，她所出售的每一件化妆品，都会选取样本在自己身上做实验。"我不相信偶然的成功，付出努力、智力和汗水后，收获的果实才会更甜"，保持着月收入近50万记录的她如此说。

同样，换装主播经营服装生意也有得天独厚的优势。对穿搭有自己的见解，能够把同样的服装搭配出新的效果，他们本身就是"造型设计师"，对于他们的同款推荐，粉丝一般都是买账的。比如什么样身材的人适合穿什么衣服，自己作为模特进行展示，比任何广告都有说服力。除了自己开店，还可以成为店铺的模特（图2-33），这样也能够吸引粉丝购买产品。

图2-33　大码宽松服饰模特直播展示

对于游戏主播而言，电竞周边（键盘、鼠标、耳麦、电竞椅等）都有自己的讲究。

在直播场景中可以进行这类数码产品的展示比零食契合度要高，广告效果不言而喻。粉丝会出于对操作技术的崇拜，而信任主播所销售的周边。另外，前面我们提过的游戏主播开设网咖，也可以算是开店变现的一种，因为主播天天接触到这些东西，有很重的发言权，也很容易引导粉丝的消费倾向。

2. 打造特色产品

即便是同一个产品，市面上也有不少的品牌和风格，当然也有好有坏，有普通也有特色。我们首先要对产品进行了解，粉丝购买产品还是会从产品的实际功效出发的，不仅仅是为情怀买单。如果没有足够吸引人的特色，是不具备长线竞争能力的。并且因为"名人效应"，会让粉丝们对自己的产品带上放大镜来看待，稍有不慎就会受到来自网络的口诛笔伐。

这一点"女流"依然做得很好，她在2013年就开了自己的淘宝零食店（图2-34），如今已是三皇冠高人气店铺。为了打造产品附加值，"女流"在零食店定期推出购物满额送独家亲笔签名的活动。在原有的内蒙古特色熟食（牛肉干、奶酪等）的基础上，她还对店铺页面进行了升级改造，引进了一批进口零食和人气比较高的"网红"小吃，不断丰富自己的品牌特色。

图2-34 "女流"的零食店

在这一方面，"老E"也是值得学习的。粉丝团体分工合作明确的他（拥有自己的美术组），在自己喜爱的青蛙头像和新昵称（EdmundDZhang）基础上，制作了一些由粉丝们提供设计思路、美术组负责优化、他自己联络供货商印制的个人特色周边，包括手机壳、钱包、帆布包和T恤（图2-35）。可以说这些周边产品，是主播和粉丝们共同努力的心血结晶。

图2-35 "老E"的周边产品

由于价格合理（以T恤为例，约为69元）、面料舒适，很快就被粉丝抢购一空。"老E"也贴心地在直播中和微博上向粉丝公示，如果有需求，他会联系制作商再加印一批放到店里卖，观众们不要拿着签名版去卖二手，搞追星的那一套，这样不划算。除此之外，他还将自己视频和直播中玩的一款绘画主题游戏所存下来的"亲笔画"印制成手机壳抽奖，可谓是选品"鬼才"。

"老E"在直播中透露并不打算让周边成为赢利点，就是为了好玩，既然大家提到了，能够做一些回馈粉丝的事情也是挺好的。一向有"抠门boy"之称的他，也是经常穿着商家送给自己的样品，偶尔来上一句：我觉得质量还是不错的，就是图案那里不透气，下次找个贵点的制作商，让他们改进一下。粉丝们也纷纷表示期待下一代的"老E"众筹周边上线（图2-36）。

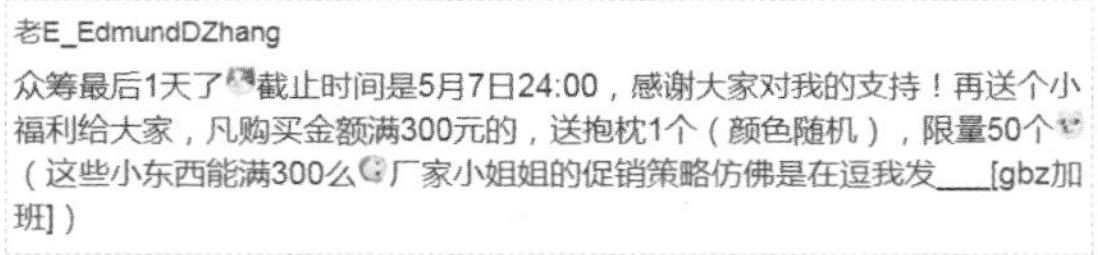

老E_EdmundDZhang
众筹最后1天了🌟截止时间是5月7日24:00，感谢大家对我的支持！再送个小福利给大家，凡购买金额满300元的，送抱枕1个（颜色随机），限量50个🌟（这些小东西能满300么🤔厂家小姐姐的促销策略仿佛是在逗我发___[gbz加班]）

图2-36 "老E"众筹打造特色产品

这为我们提供了很好的思路。其一，利用自己的优势，可以是专业，也可以是兴趣，提供实惠和可靠的产品；其二，带动粉丝参与，一起创作属于大家的独一无二的产品，这都是特色的稳定来源。

2.2.3 | 快消品是最重要门类 ‹‹‹‹‹‹‹‹‹‹‹‹‹‹‹‹‹‹‹‹‹‹‹‹‹‹‹‹

对于绝大部分的主播来说，都不足以支撑一个过于高端的品牌或产业由孕育期到盈利期。那么回本慢和周期长的产品，可以首先考虑淘汰，这也是为什么零食、服装、化妆品等会如此受到电商创业主播青睐的主要原因了。而日用品、母婴产品等传统行业，也开始积极走向直播+营销的道路。2018年的"6.18"购物节期间，母婴电商"子初"从直播平台邀请到一批"育婴达人"在线直播（图2-37）。

图2-37 "子初"母婴产品直播

此次直播，除了产品宣传，还连同分享了不少育儿经。短短一个小时吸引了2万多人，累计点赞超过了75万。而在同年"双11"期间，传统品牌"幸福阳光"邀请了100位知名健身、美妆等各领域主播来为自己的无添加卫生纸巾宣传。不难看出，传统的快消品市场正在积极求变。

这对于大部分想要开店创业、在选品阶段踌躇不前的主播们来说是一个好消息。

1. 创业条件更好

传统行业要想"触电"直播，与现成的主播对接是最好的选择，这一点从不少品牌招聘淘宝主播就可以看出来。他们加入主播"争夺战"后，为了能与大流量资源合作，必然会开出更优厚的条件，对主播创业加大扶持力度。不少主播以此为契机与品牌签订了代销、加盟合同。

除此之外，主播不需要再担心自己的货源、销售、服务等方面的问题，只要是有一定实力的快消品品牌，都会为主播提供培训或者辅助团队，而主播更像是成为"荣誉店长"（图2-38）。在流量变现为自己创收的同时，又能有足够多的时间照顾好直播的事业。

职位描述

工作内容：

1. 负责公司淘宝平台的直播

2. 日常直播的数据整理

3. 能独立完成直播内容，与网友互动，引导粉丝购买推荐的商品，活跃直播气氛，娱乐观众，维护频道健康秩序

4. 定期策划、组织各种活动，增加粉丝的粘度以及数量

5. 能根据节目气氛与用户互动，即兴发挥，调动粉丝情绪，增加粉丝的活跃度

6. 协助公司完成其它相关工作

职位要求：

1. 年龄18-25岁（有在微博、映客、花椒、YY、斗鱼、熊猫、抖音等其它平台开直播的主播优先考虑）

2. 上镜，形象气质好，有才艺，声音甜美，普通话标准

3. 口齿伶俐，表达能力强，有较强语言文字组织能力

4. 热情活泼、镜头造型顺畅、喜欢与人互动交流，善于调动气氛

图2-38　某品牌招聘"荣誉店长"的任职条件

2. 品牌选择更多

竞争带来的另外一个好处就是，主播们有足够的自由选择空间，不再是以往"如果我不跟他合作也没有其他的渠道了""质量不好的情况我们会慢慢沟通解决的"等无奈的情况。对于真正想要通过直播营销变现创收的主播来说，就有了更大地发挥空间。

主播们需要注意的是，与平台签约时合同中往往会有关于广告的附加条款。主播接洽广告需要经过平台的同意并让出一部分营销薪酬作为在平台上投放广告的管理费用，且主播有义务配合平台进行一些广告宣传。2017年10月底，肯德基"花生霸王双层堡"（图2-39）宣布回归，就选择了与战旗等平台进行合作推广。一时间战旗直播间开始"人人吃堡"。

图2-39　肯德基海报

主播们被要求在自己直播的晚上7点~8点时段，开摄像头吃"花生霸王双层堡"并念由主办方事先准备好的宣传标语，活动结束后主播可以领取一定比例的报酬。但在活动期间，不少主播也或多或少透露出一些不情愿，因为这样的推广看上去确实有些"硬"。不过平台对于主播自己的创业，还是采取支持态度的，不会有过分苛责和为难为自己的品牌做宣传的情况。

2017年~2018年，随着直播行业的沉淀与洗牌，由蓝海逐渐变为红海，传统商家纷纷行动起来，希望搭上直播营销的末班车。这种情况，悄然改善了主播们在广告营销选品中的地位，他们拥有了更多的自主选择权。2018年初，就有这样一个案例。同样是战旗某位主播，通过与粉丝的弹幕交流，了解到自己的合作推广品牌经常出现了寄错、少寄、服务态度不好等情况。在调查取证之后，果断宣布终止了自己的授权冠名，并表示"现在只要有足够的流量和实力，可供选择的货源多得是"。

2.2.4 供货渠道要慎重考虑 <<<<<<<<<<<<<<<<<<<<<<<<<<<<<<<<<<

供货渠道确实是一个绕不开的问题，并非所有的主播都有实力与大品牌合作，那么商品质量是一定要把关的。相当一部分主播因为对开店、选品不甚了解，出于对某些人的信任，或者自己的怠惰，将自己的店铺全权委托给第三方团队运营。质量问题没有捷径，只有亲自去考察和尝试，或者选择比较靠谱的大品牌。那么除了质量，还有什么其他需要考虑的问题呢？

1. 成本问题

这是所有问题的根源。成本（图2-40）很大程度上决定了定价，进而影响销量和收入；另一方面，运输和管理成本过高，在投入固定的情况下，必然会导致采购产品的质量下降。"没有中间商赚差价"是主播经营自己店铺或品牌最好的状态，尤其是初期实力较弱的新晋主播，真的想要创业，可能就需要身体力行对进货渠道把好关，这一点上可以参考一般淘宝店的进货法则。

图2-40　成本控制

★ 批发市场进货。这是最常见的进货渠道。在批发市场进货只要有强大的议价能力，成本控制可以得到充分发挥。但批发市场进货需要有一定的鉴别能力，注意考察商家资质。

★ 厂家直接进货。正规的厂家货源充足，信用度高，长期合作能提供仓储、发货服务。缺点是议价空间较小，主播的利润空间不大，但可以足够省心。适合细水长流的经营。

★ 寻找特别的进货渠道。如果主播在海外有亲戚朋友，就可以由他们帮忙，走海淘代购的路子。或者也可以依靠自己的工作生活优势（海外）进行代购直播等较为流行的营销。

上面介绍的这三种常见的进货方式中，第一和第三种是利润空间较大，但也是较为辛苦的方式。主播需要充分考虑自己的时间成本，若不想成为职业的直播电商，还是选择第二种方式比较稳妥。

2. 规则问题

现下火热的淘宝直播的供货模式各有不同。淘宝主播"猫七"的助理表示，目前淘宝主播中，8成左右是跟一些公司有协议的签约主播（图2-41），仅有2成左右的主播是卖自己店里的货。商家如果看中了哪个流量主播，希望他帮忙卖货、推销产品的话，一般情况下，主播会让商家直接联系他签约的公司。在公司确定好商家以及推荐的产品后，直播间里就能找到该商品了。

图2-41　淘宝签约主播

主播推荐卖货能够获得商家的提成，目前主流的合作方式有"底薪+提成"的形式。和主播谈好每天或者一定时间段，主播每天开播多少小时，然后有一个基础的底薪，商品卖出去以后只要设置了淘宝客的商品自动有相应提成，合作协议中写清楚即可，价格双方自行约定。

可以说，签约营销目前依然是主流。那么就涉及相当多的规则问题了。

★ 平台规范。这是基本法规，2016年下半年出台的《淘宝直播平台规范》把"在描述中对事实夸大其词，误导他人；对所发布的商品导购信息进行夸大宣传，提供虚假的价格信息，包含虚假、夸大的宣传内容诱导买家"等列为发布不实信息违规内容。

如果买家买到货不对板的产品时，除了向平台、商家追责外，主播是否也承担责任？主打食品销售的主播"红烧小白兔"（图2-42）表示，淘宝不会让主播承担责任。但"红烧小白兔"认为，进入主播直播间买东西或成为主播的粉丝，也是基于对主播的信任和认可，她有责任帮助买家。但从另一个角度看，主播帮助买家维权，仅仅是"人情"，而非法定的义务。

图2-42 "红烧小白兔"的直播间

★ 合同规范。主播需要明确自己的法律义务。一旦签订了某个淘宝品牌的合作协议，一般是不能够在合同期内进行其他竞品（与合同品牌存在竞争关系的其他品牌）宣传的。否则，主播将会根据合同中的条款，对品牌供应商的损失进行合理赔偿。

因此，在签订合同之前，主播需要清楚地知道是只禁止竞品宣传，还是禁止与其他品牌商合作。另外，对直播中插入广告的时间、频率、合同的周期，都需要周全考虑。最好是能够在核心粉丝群进行小范围地调查，看品牌产品是否与自己的粉丝需求相符合。

2.3 规划，做营销要筹划好

营销并不是一次性的工作，可谓"直播不止，营销不息"。不论是对自己直播间的营销还是对绑定的产品品牌营销，都需要做好一个中长期的规划。主播们调查清楚了自己粉丝群体的需求痛点，找到了合适的品牌合作之后，还需要好好学习一下自媒体的营销方法。毕竟，直播也算是视频类自媒体的一种，经营好自己的流量，才能够在变现的道路上走得更顺畅。

2.3.1 准备，制造细节来预热 <<<<<<<<<<<<<<<<<<<<<<<<<<<<<

任何品牌和内容的投放，都需要预热。预热除了能够在一定程度上"试探"粉丝的反应，及时调整营销策略外，其本身的神秘感和不经意透露出来的细节，往往也是最能够吸引粉丝好奇心的方法。就如同电影需要宣传片，好的宣传片甚至能够起到出其不意的作用。例如2019年初，"小猪佩奇过大年"的宣传片"啥是佩奇"刷爆网络，就足以见得预热的重要性。

较为常见的预热方法，就是直播预告和视频引流两种。

1. 直播预告

一般直播平台都有开播提醒功能，只要是关注的主播开播，粉丝会在第一时间收到App的提醒。但这种突然性地提醒容易因为各种各样的原因被人忽略，也不利于职业主播对直播内容的规划统筹。因此大部分主播都会选择在微博上进行"站外链接"（图2-43）。但若留下"他的微博就是一个直播公告板"的印象，也不会太有效果，若能配合展示日常生活与状态再好不过。

图2-43　荔枝直播某主播微博公告

发布微博直播预告，也需要注意格式。

★ 圈出话题。微博通常用"#"开头和结尾，把话题隔出来，如"#直播预告#"这样的格式，就能够与微博话题榜推荐相关联。虽然可能不会有太大的粉丝量提升作用，但互联网流行的偶然性也比较强，随时准备好，才能够更好地"蹭热度"。

★ 点明时间。无须赘述，直播预告的首要任务，就是通知粉丝是否开播以及什么时候开播。

★ 生成链接。一般需要包含直播间的链接，如果是兼职视频、电商，还可以留个固定的小尾巴，在最后另起一行，贴出相关平台的网址。注意，一定要在末尾，不要影响通知正文内容。

★ 内容选择。如果预告的直播有特定内容，可以制作简单的海报或放出截图，并简单指明此次直播的主题是什么。如果没有，最好也能放一些自己拍摄的照片等，别让公告太过苍白。

★ 活动提醒。抽奖等（图2-44）具有活动性质的内容，也能够在公告中起到很好的作用，让更多观望的粉丝加入到此次直播活动中来。

图2-44 "老E"的直播抽奖提醒

2. 视频引流

大部分的主播，尤其是游戏类主播，都会有一个自己的视频投放空间（多数是为了提供给无法观看直播的粉丝）。同样以"老E"作为案例（图2-45），粉丝互动的过程中，不少主播都有一个小小的"套路"，用视频的收藏量"换"更新的频率和直播的内容等。

图2-45 "老E"的小"套路"

这其实是一种增加视频流量和直播关注的好方法，把自己的事业联通起来。平时主播需要保证直播时长和视频质量，又需要满足来自粉丝的各种要求，只能够花费大量的时间和精力做更多的事，甚至熬夜。适当地用刺激手段为自己预热也是不可非议的。

★ 定一个小目标。例如视频收藏量达到3万~5万，直播间人数达到5万等。当然，这个目标要与自己目前的流量挂钩，不能定一些虚无缥缈或太过容易达到的目标。

★ 奖励必须合适。首先是不能够违反法规，突破道德尺度，否则就是自找麻烦了。其次，奖励尽量用非物质的，如视频更新、直播某特定内容等能够起到引流作用的。

★ 言必信行必果。答应粉丝的事情切忌赖账，否则就会变成直播界"狼来了"的故事。如果出现拖延或违背约定，又不能给粉丝一个合理的解释，那就"凉了"。

2.3.2 文案，书面计划造经典 <<<<<<<<<<<<<<<<<<<<<<<<<<<<

然后是对直播内容的管理计划。怎么才能脱离大甩卖式的尴尬直播，或者说如何从扎堆的直播间中脱颖而出呢？以最近非常火的淘宝直播为案例，前期的策划文案脚本很是关键，最好能够有一个详细的计划书。因为，"节目效果"并非是可遇不可求的。

1. 防"尬"指南

目前已经开通直播的淘宝商家大多头疼两个问题：流量没有垂直的直播平台多、转化效果没有机构直播高。其实造成这两个问题的核心原因，就是普通商家本身没有提前做好直播脚本，容易"尬聊"。那么脚本策划在直播中要做到什么样的程度呢？

★ 梳理直播流程。直播最忌讳的就是开播前一刻才考虑内容和活动，这样很容易出现直播事故（在直播过程中出现技术故障、违规内容等）。除了调试好软件之外，写一个简单的文字脚本也是很有必要的步骤（图2-46）。根据直播的时长，制定每个时间段该进行到哪一步，需要插入什么样的"梗"，以及如果出现被耽搁或提前的情况下，用什么样的备案来解决问题。

| 23:10-23:20 | 卸妆 | 卸妆湿巾 防晒霜 | 大家夏天嘛一定会涂防晒的涂了防晒一定要记得卸妆！！我在用的是我们自己家的防晒 spf30 日常用刚刚好 卸妆今天用我们的新品卸妆湿巾，今天刚刚店里买上市的，不过其实我自己已经拿到了一段时间了，拿到手之后就一直用，本停不下来！(展示空盒) 因为真的太方便了！我平时其实不是每天都化妆，但是每天都会涂防晒，有时候觉得只卸个防晒专门找卸妆 |

图2-46 某淘宝直播脚本

★ 直播话术管理。主播相当于直播间的主持人，需要通过语言带动粉丝互动，如果因为准备不足而遇到"卡壳"的情况，会令直播效果大打折扣。专业的主播，可以为自己准备一个题词板，用提前准备好的关键词和"包袱"来应对可能出现冷场的情况。对关键问题的复盘、敏感问题的回避，都是主播管理自己话术的基本要求。此外，主播应避免因得意忘形而说话过激的行为。

* 海报软文设计。如果主播有一定的海报制作基础，或者有宣传预算，可以尽量为自己的直播活动提前进行简单的海报预告（图2-47）。内容包括直播内容提要、亮点展示（可含折扣信息），甚至也可以将直播时间、时长、嘉宾等相关信息一并展示进去。当然，如果主播精通手绘，还可以用这种方式制作独一无二的海报，而不是千篇一律的套用模板。

图2-47 直播海报

2. 文案的要点

直播文案脚本具有互动性强、概括性强的特点，不需要执着于细节的取舍，这样既浪费时间，又过分限制了直播的自由度。只要从大的流程把握，梳理出整个直播的框架即可。

* 每周一脚本（图2-48）。建议以一个星期为单位来做直播脚本，这样的中短期计划，对工作时间能做出比较好的切割，保障灵活度；也能在一定程度上储备好内容量，减少运营策划成本。主播自己同时也要根据脚本周期进行阶段性效果总结和内容调整。

XXX旗舰店直播间

	基础活动	活动说明	通用活动	周期活动
星期一	满199减100 红包雨	全场或指定XX 20优惠券		每周一秒杀
星期二	买二送一 …	活动说明：… …	关注有礼……说明：……；进群活动……说明：……等等	周二买卖 周三免费送
星期… 星期…				
星期日				

图2-48 周期活动

* 活动有周期。直播计划中，最好能够明确活动的周期性，而这个周期又以稳定为

主。例如，淘宝直播每周二的9.9元秒杀，每个周五、周六的新品五折等；游戏直播中白天单机游戏、晚上竞技游戏。关键是让粉丝记住，不要轻易更改，让粉丝能够自然分层。

★ 产品安排好（图2-49）。这一点是针对淘宝直播的，就是对每个时间段的产品推介安排。淘宝直播间，必然会有观众针对不同的产品提出咨询问题，系统讲解是不可或缺的。尤其是直播初期人气不足的时候，每一个问题都会显得很突出，尽量详细、全面，安排较多的时间。

XXX旗舰店直播间

	时间	基础活动	活动说明	通用活动	周期活动	产品安排	产品详情
星期一	8点 9点 10点	满199减100 红包雨	全场或指定XX 20优惠券	关注有礼……说明：……；进群 活动……说明：……等等	每周一秒杀	8点到9点讲解 A/B/CD款，每 款X分钟	附件一……
星期二		买二送一 ……	活动说明： ……		周二买卖 周三免费送	9点到10点讲解 ……	周二买卖 周三免费送
星期… 星期…							
星期日							

图2-49　产品活动安排表

2.3.3 时机，精准投放最划算 <<<<<<<<<<<<<<<<<<<<<<<<<<

很多主播抱怨，即便是精心做了准备和宣传，但直播间粉丝增长并不明显，感觉自己的时间和资金都打了水漂。如果确定自己的需求定位、特色渲染上没有问题，那么就需要考虑投放营销广告的时间是否合适了，这就和直播预告发送的时间与粉丝在社交平台上的活跃周期、直播真实时间的间隔等因素息息相关了。毕竟再碎片化的时间，也会有相对集中的时段（图2-50）。

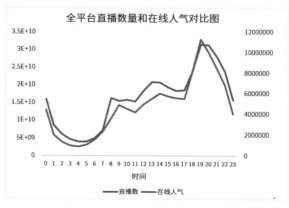

图2-50　直播数、在线人气和时间关系

直播的人气时间相对固定，根据全网统计数据表明，人气峰值出现在大约晚上7点~10点，这是绝大部分职业的休息时间，人们利用这个空挡时间看直播的可能性极大。也不排除早上8点和下午1点~2点这两个观看高峰。根据高峰期的持续时间来看，早上、中午，可以做一些周期较短的直播，例如淘宝、才艺展示等。而晚上则比较适合需要时间较多的游戏直播。

1. 预告时机与直播

与真实直播时间不同，预告所选择的时间节点，则更为灵活。微博、微信公众号都可以成为预告的阵地，因此主播需要更多地参考移动端社交平台用户的活跃时间（图2-51）。根据直播观众用户群体，可以分为商务、大学生、母婴三大人群。他们的时间峰值各有不同，母婴群体在工作日与休息日活跃曲线变化不是很大，而商务和大学生群体（或者说上班族和学生），则有所不同。

工作日，上班族和学生更多地活跃在上午，而休息日则无明显地峰值，整天都有可能关注于手机。这也就决定了淘宝直播和其他娱乐、游戏类直播投放预告的时机有所区别。淘宝直播的预告只需要避开深夜休息时间和他们忙碌午餐、晚餐的档口即可。而其他的直播最好选在工作日的上午和晚上，一般不选在休息日预告，因为休息日是真实直播的黄金期，预告则需要有所提前。

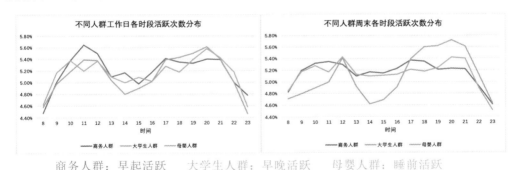

图2-51 移动端用户活跃时间

另外值得注意的是，预告的发送时间，最好选择在峰值前半个小时左右，留给活跃用户更多地反应和转发时机，避免错过峰值。因为用户活跃的黄金期，应该留给核心用户为主播扩散信息。

2. 预告与真实直播

前面说到了直播预告尽量不要选在休息日，就是为了给直播观看的活跃时间一个提前量，也是为了避免移动社交平台内容创作的峰值（周末发送出来的公众号文章、微博较多）。这个周期一般不能超过一周，否则很容易被粉丝遗忘；也不能过短，至少24小时以上，不然效果无法发挥出来（图2-52）。

图2-52　提前24小时预告很重要

较为妥当的是3天左右的预告提前期。

* 充分扩散。这是基本需求，网络热门时间的黄金发酵期是2~3天，一般热门事件会在这段时间内被更多的人看到。当讨论人数达到顶点时，真是直播开始，刚好能避免热度衰弱。

* 突发应对。对粉丝反响和突然出现的热点，有一个合理缓冲。提前做好准备和预告的前提下，只需要针对反响和突发热点，进行小部分内容的调整即可，不至于临时抱佛脚。

2.3.4 服务，责任感成就口碑 <<<<<<<<<<<<<<<<<<<<<<<<<<<<

主播收入来源主要有两种：直播礼物变现、网店和广告等。礼物变现的收入固然可观，但不稳定性较大，主播若完全依靠礼物变现，会有一定的风险。而网店和广告收入的稳定性比礼物更可靠。想要延长自己的直播生涯，加大营销管理力度是主播的不二选择。尤其是附加的服务，同样的直播内容，同样的产品品牌，能够提供更多服务的往往会在竞争中占据优势。例如客服的态度和水平就是一个代表，主播是品牌的代言人，客服则是主播的脸面。在淘宝直播的门类下，还出现了客服直播的小门类，相比于传统的淘宝直播，甚至拥有了更高的转化率（图2-53）。

图2-53　客服直播更胜一筹

在直播进入红海时代后，内容不再是唯一的卖点，高质量的服务可以说是后来居上。从人无我有到人有我优，主播要想提高自己直播间的口碑，提供更好的服务成为必经之路。

1. 店铺服务

都说十个主播九个开店，可是也已有不少主播因为选品不过关，或者店铺售后服务极差遭到了粉丝的声讨，其中不乏正当红、身价不菲的那几位。其实，主播经营的网店无非是：零食、外设、服装。这几种经营内容其实很保险，只需要稍加注意，选品出问题的可能性不大。凭借主播的名气，只要经营得当销量都不会太难看。但这一切，很有可能被一个客服破坏。

一般在网上爆料主播网店服务差的基本都是"铁杆"粉丝，这些核心的粉丝如果不是因为感到极度失望（图2-54），对主播店铺还是很宽容的（毕竟爱屋及乌）。非到万不得已需要"爆料"的阶段，他们更多地会通过私信、暗示的方式，给主播留面子。

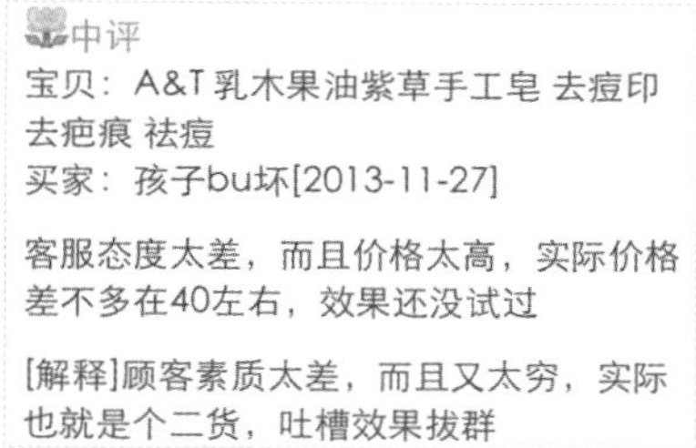

🌸中评
宝贝：A&T 乳木果油紫草手工皂 去痘印
去疤痕 祛痘
买家：孩子bu坏[2013-11-27]

客服态度太差，而且价格太高，实际价格
差不多在40左右，效果还没试过

[解释]顾客素质太差，而且又太穷，实际
也就是个二货，吐槽效果拔群

图2-54　忍无可忍的粉丝评价

例如某较为知名的电子竞技主播，其粉丝爆料在其网店里买了一个100多元的游戏鼠标，店铺中明确写着"质保一年"。结果两个月不到，鼠标USB接口出现严重问题，平均1分钟会失灵5秒，根本没有办法好好玩游戏。为了解决问题，粉丝与该淘宝店的客服联系，当得知粉丝是两个月前确认收货后，这位客服就消失了，任粉丝再怎么联系都没有回复过。后来这位粉丝想找出自己给的差评在贴吧截图爆料，结果发现他的差评被删，无奈只能晒出聊天记录在该主播贴吧要说法。

这种消费粉丝热情和忠诚度的方法，无疑是在涸泽而渔。

2. 内容服务

更多的主播，将服务体现在直播内容和过程上。内容是否有观赏性，是真正基础的服务。要么能够让粉丝图个乐，要么能够从主播的身上学到某些技术和经验，要么能够获取某些优惠信息等。总而言之，至少直播不能太无聊。再次说到"老E"，他就曾多次在"情感节目"（粉丝对其夜晚直播喜欢聊一些自己的心里话环节的称呼）和微博上（图2-55）对粉丝说：其实自己压力很大，希望能提高自己，让粉丝能够在自己的直播中学到一些东西，哪怕只是游戏的技术。这也是他颇受粉丝喜爱的主要原因。

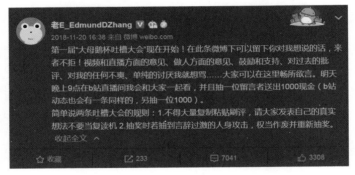

图2-55 "老E"微博求"吐槽"

不论因为什么原因接触直播，也不论因为什么而走红，有一点值得所有主播注意，那就是永远不要忘记了直播内容才是根基。如果单纯拿直播当作走红的跳板，在转型失败后再想起自己的粉丝们，往往就为时已晚了。这并不是粉丝们出于对主播"背叛"的愤怒，而是直播趋向红海之后，竞争激烈的表现，哪怕离开粉丝一天，都会有其他具备足够吸引力的内容补上来。

03 团队，直播营销的基础

　　部分直播行业投资人在谈及直播专业化现象时认为：独立主播很难一直火下去，持续变现能力也是有待商榷的，而团队与社交圈才是主播的未来。一人计短，团队力量的重要性在直播行业逐渐走向专业化和规范化的今天是不言而喻的。

3.1 初期，靠自我营销

刚刚进入直播圈的新人主播，基本没有足够的物力财力去组建团队，除了加盟平台和公会，通过自我营销来实现人气和资本的积累也是一种不错的选择。在这个过程中，需要进行自我探索。同时，掌握话题制造、立体推广和病毒营销的基本方法，才能更好地发展。

3.1.1 话题制造：个人努力很重要 <<<<<<<<<<<<<<<<<<<<<<<<<<

相对于其他的工作，主播至少看上去会很自由（没有上级约束、不需要考勤打卡），自由的时间、自由的内容（只有签约主播需要达到时长）。但自由也是有代价的，比如收入也比较"自由"，主要通过礼物变现，存在着很大的不固定性，这就需要主播付出更多努力和更多时间来留住粉丝。

1. 秀出自我

形象是展示自我的第一站，主播也少不了"颜值"，至少也要注意保持形象的干净整洁。很少会有粉丝喜欢邋遢油腻、不修边幅的主播。化妆和美颜对主播来说是无可厚非的，特别是"秀场"女主播，保持美好形象是很重要的。爱美之心人皆有之，但是不必过于沉迷于对外形的修饰，只要在大众的接受范围之内就行。做任何事情都要把握好度，做到从心所欲而不逾矩。

现在几乎所有的直播平台都会自带美颜滤镜，甚至可以增加一些可爱的小道具。大家手机里也肯定都有一款类似"美图秀秀"（图3-1）的修图软件。"美图秀秀"是比较典型的手机图片处理App，在各系统的应用中心都可以免费下载。"美图秀秀"现在更是推出了直播功能，在获取摄像头权限的情况下，主播可以直接调用美颜功能，以达到更好的镜头效果。

图3-1 "美图秀秀"界面

在PC端直播的主播，美颜摄像头也成为直播必须投资的设备，能给直播效果大大加分。许多主播都会推荐"罗技"的美颜摄像头，"罗技"C920的配置可达千万像素，这个配置足够绝大多数主播使用了，高配还附带补光灯，即便价格较高，也是物有所值的。如果不想投入太多，新人主播可以还选择"蓝色妖姬"（图3-2），这是一款入门级、性价比高的摄像头。

图3-2 "蓝色妖姬"摄像头

每个人都有自己的优势，有人样貌好，自然可以当一名"颜值型"的主播；有人口才好，可以尝试"脱口秀"；而有的人眼光犀利、会点评，不妨试试影视评论。当然，还有其他方面的能力，主要看主播对自己认识有多深。在互联网这个人人有机会的舞台，潜力有多大，舞台就有多大。主播的更新换代快，要想不被淘汰，就需要充分利用这个职业的创作自由。

一切能够带来快乐的搞笑事物，都是有市场的。如果在直播的时候，能够逗乐大家，那么主播自然会令观众印象深刻。比如曾经的直播综艺节目"小葱秀"（图3-3），就是以能够带给观众笑声为目的的直播脱口秀节目，受到了一大波观众的喜爱。

图3-3 "小葱秀"海报

在直播的时候不妨融入一些搞笑的元素，或是让自己直播的方式变得有趣。口才是可以练习的，想让直播变得幽默搞笑，我们可以通过观看和模仿其他人的直播，来学习幽默的说话方式。比如，在许多"YY"直播上的脱口秀直播，都是主播通过说各种搞笑的段子来吸引观众，然后从段子中找出能够与观众互动的点，再让观众产生强烈的参与感。

2. 制造话题

作为公众人物的主播是一直备受关注的，但热度不会集中在某一个主播身上，粉丝的关注点也会随着时间开始慢慢转移到其他新鲜事情上，而那些一直默默无闻的直播，则在人们的视野中淡去。作为红极一时的主播，更要在自己当红的时候，制造能够引发粉丝高度关注的话题，趁热打铁，让更多的粉丝关注自己，制造出更多能够吸引粉丝的点，防止自己"过气"。

主播跟影视"明星"一样，一直不温不火地直播，是不会有太大进步的。怎么才会让观众牢牢记住我们？话题营销是一个很好的办法。那我们如何给自己营造话题呢？比较简单的方法是，借助身边的一些热点事件和热门人物，然后将之与自身特色相结合。如借助其他比自己名气高的事件制造话题，像是直播平台的主播人气比赛（图3-4），进行"曲线营销"。

图3-4 借助话题营销自我

还可以借助一些热门的话题，用自己的特色来寻求突破，为自己吸引更多人的关注。直播圈内，经常出现各种话题，如LOL等热门。某位玩家，就以"人机专业户"

（图3-5）的标签，把一件普通的事件发挥到极致，甚至盖过了当时不少"网红"主播的风头。

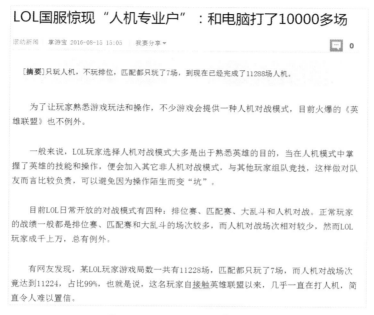

LOL国服惊现"人机专业户"：和电脑打了10000多场

滚动新闻 掌游宝 2016-08-15 15:05 我要分享▼ 💬 0

[摘要]只玩人机，不玩排位，匹配都只玩了7场，到现在已经完成了11288场人机。

为了让玩家熟悉游戏玩法和操作，不少游戏会提供一种人机对战模式，目前火爆的《英雄联盟》也不例外。

一般来说，LOL玩家选择人机对战模式大多是出于熟悉英雄的目的，当在人机模式中掌握了英雄的技能和操作，便会加入其它非人机对战模式，与其他玩家组队竞技，这样做对队友而言比较负责，可以避免因为操作陌生而变"坑"。

目前LOL日常开放的对战模式有四种：排位赛、匹配赛、大乱斗和人机对战。正常玩家的战绩一般都是排位赛、匹配赛和大乱斗的场次较多，而人机对战场次相对较少，然而LOL玩家成千上万，总有例外。

有网友发现，某LOL玩家游戏局数一共有11228场，匹配都只玩了7场，而人机对战场次竟达到11224，占比99%，也就是说，这名玩家自接触英雄联盟以来，几乎一直在打人机，简直令人难以置信。

图3-5　可怕的"人机专业户"

当这类话题出现时，还少不了营销推广的助力。如果找不到合适的推广时机和渠道，这样的努力也可能会白费。不过要记住，虽然我们可以借助热门事件来与自身相关联；但当热门话题发酵时，置身其中也可能将自身推至风口浪尖。我们在借助别的话题时，要注意别引火上身。自身的观点一定要正，道德观一定要正，不然很容易引人非议，得不偿失。

3.1.2 立体推广：各种工具玩起来 〈〈〈〈〈〈〈〈〈〈〈〈〈〈〈〈〈〈〈〈〈〈〈

做直播，无论是全职还是兼职，抑或只是业余爱好，当观众对直播内容出现视觉疲劳的时候，我们就需要转移阵地，各种媒体都去尝试一下。同种媒体的内容输出，形式都大相径庭。各个媒体的粉丝人群特征各不相同，与粉丝在不同的媒体进行互动，就能吸引不同群体的目光。也可以将直播平台的粉丝吸引到新媒体，通过互动的方式，加强粉丝的黏性。

1. 微信公众号提高黏度

黏度是衡量用户忠诚度的重要指标，用户忠诚度越高，就代表越离不开这个微信公众号。这对主播营造形象起着关键的作用，成功的主播都知道应注重培养粉丝的黏度（图3-6），主播的粉丝黏度越高，对长久推广越有利。对于微信公众平台来说，用户黏度体现在阅读量、转发量、收藏量和回复次数等方面。如果把粉丝这个大群体看作一个蓄水池，这个蓄水池有进水口，也有出水口，水进进出出很正常。对待流动性极强的粉丝，用户黏度显得异常重要。

图3-6　粉丝黏度

微信公众平台（图3-7）是腾讯在微信基础平台上建立的功能模块，分为订阅号、服务号和企业号。通过这一平台，独立主播或团队都可以打造自己的社交圈子，在微信平台上实现和特定群体通过诸如文字、图片、语音等全方位的沟通互动。在这里可以通过渠道将自己的品牌形象推广给微信用户，减少宣传成本，提高品牌知名度，打造更具影响力的主播品牌。

图3-7　微信公众平台

作为主播，开通微信公众号有两个方面的好处。

其一，主播通过微信公众号发布一些自己撰写的关于自身生活或自身直播等方面的文章，可以让主播现有的粉丝加深对主播的好感，让粉丝对主播更为了解。

其二，主播可以分享一些关于直播话术、录播视频等小技巧，吸引粉丝的关注。

直播可以把观众带入场景，引发互动，从而增进主播与粉丝之间的信任。在微信公众号，"大V"们则可以拉近与粉丝的距离，从而提升关注度和影响力。再加上微信生态圈强大的裂变式传播，一场好的微信+直播形成的效应将超过任何一条10万文章。无论做产品发布会、培训、脱口秀还是移动电商，只要把直播链接嵌入微信公众号，那么观看直播的粉丝一定远远超过真实现场的容纳范围。粉丝只需在微信上打开直播页面，无须登录即可观看、互动、分享。

（1）内容

要有高价值的内容或服务输出。因为微信公众号是媒体属性，有价值的内容才能引起传播。如果输出的内容质量很高，即使什么提示也没有，用户一样会关注（图3-8）。如果输出的内容质量低，就算附加上一堆关注提示，感兴趣的用户也不会因此增多。

图3-8　好的微信公众号人人关注

（2）风格

粉丝的眼睛是雪亮的，如果公众号具有独特的风格，他们可以清晰地感知到和他们沟通的是人，而不是一个冷冰冰、毫无特点的机器。比如说有的公众号走的是可爱的路线，除了平常文字和图片走"萌"路线以外（图3-9），还会设计一个卡通形象作为吉祥物，把公众号的性格表达出来。

图3-9 "萌"路线的公众号

没有特色的公众号是什么样的呢？平常在朋友圈里看到"标题党"或"鸡汤文"的图文消息，能感受到温度吗？想打开看吗？不能，也不想。有特色的公众号可以与有共鸣的读者建立感情上的联系，一旦建立了这种联系，用户不仅会喜欢公众号的内容，还会自觉地帮忙转发。

（3）互动话题

通过话题来了解粉丝的动态，以及粉丝想要的是什么，不想要的是什么，之后我们在经营公众号的时候就能好好地把控这些内容，如此不但能够满足粉丝的需求，还可以形成分享转发，为主播增加新的粉丝。粉丝黏度不是一朝一夕可以炼成的，主播运营微信公众号一定要有耐心。

2. 微博扩大号召力

说到现在火爆的开放性社交平台，"新浪"微博（图3-10）是位列前茅的。微博的地位难以撼动，令人眼花缭乱的资讯更是"高能"。"新浪"微博的开放性极强，没有年龄限制、身份限制，使用群体广泛，是一个真正的全民媒体微博，和直播类似，都是年轻人的阵地。微博的开通让主播在直播之外的时间都可以与粉丝进行轻松地互动，从而达到轻松"圈粉"的效果。

图3-10 "新浪"微博

微博中的"大V"，更是具有极强的感染力和号召力。如果能够申请成为"大V"的话，主播通过微博，发布自己的直播动态或是分享一些个人消息，其影响力和号召力可想而知。为了让亿万计的网民畅所欲言，言论自由是微博一直强调的宗旨。

然而自由也要有个底线，如何做到出彩却不出格，是所有志在成为"大V"的人都在思考的问题。凡事讲究一个度，微博也不例外。把握尺度，才能成功。微博自身也意识到了这个问题，屡屡升级用户举报系统，通过新增的多个举报入口，用户可直接举报垃圾信息、不良评论及不良用户，同时还可对举报类型进行归类（图3-11）。这也是主播们玩微博需要注意的地方。

请选择你想要投诉的类型

垃圾营销	涉黄信息	不实信息	人身攻击
有害信息	内容抄袭	违法信息	诈骗信息

提交

图3-11　微博举报

微博是一个好平台，就像"万花筒"，异彩纷呈无奇不有，堪称主播的第二阵地。但主播发布微博时一定要拿捏好尺度，让成功名副其实。不管是主播本人还是关注主播的粉丝，作为有公德心的公民，如果看到了大尺度甚至无下限的不良信息，不要犹豫，直接点击举报按钮，为净化网络贡献自己的力量。千万不要成为被举报的那个人，以免名声扫地。

3.1.3 自我营销：做个勤奋的主播 <<<<<<<<<<<<<<<<<<<<<<<<<

别总想着主播挣钱是多么的容易，数百万、上千万身价的，都是主播通过自己努力得来。例如在淘宝直播上，同样卖衣服，为什么有的人直播无人问津，有的人却能带动上千万的销售额呢？直播营销还是需要一定的技巧在里边，才能让大家认可、喜欢，自愿去买主播的账。

1. 坚持爱好

"小苍"是中国较早的一批电子竞技女选手、解说、节目制作者之一（图3-12），她在2008年，作为电子竞技选手，被选为奥运会火炬传递手。由于其所学专业为北京师范大学影视传媒专业，可以说这一专业和互联网这一块还是联系得比较紧密，再加上她自己热爱电子竞技，其在大学期间就开始兼职做网站编辑、杂志撰稿人和职业选手。将自己的优势和爱好转变为自己的专长，未来所从事的专业，坚持不懈的努力让她自己获得了很大的成就。

图3-12 "小苍"微博

作为中国著名的、也是相当受欢迎的职业选手、职业解说者，为了电子竞技，"小苍"还是放弃了很多东西。她曾说道："因为真心爱一样东西必然会放弃其他的很多东西，不管如何，选择了电子竞技，我就会为它努力。"对于曾担任2008年北京奥运会火炬手这一事情，这是一种无上的荣誉，也说明了人们对她的认可、对电子竞技行业的认可。

"小苍"的成功在于她知道自己的优势在哪儿，知道自己未来想走的是哪条路，并坚持下来，不断努力。她也敢于为了自己的爱好，放弃那些原本的"安逸"，也承受过许多来自长辈、社会甚至同龄人的讥讽和不理解，但贵在坚持。这也是第一代电子竞技、网络直播"开拓者"的精神。

2. 自主创业

有一个淘宝直播排位Top10 的主播兼店主——张大奕（图3-13），资料显示，她个人有年均过亿的营收。张大奕本身是《瑞丽》的模特，长得漂亮，加上微博、直播有自动吸粉的功能，良好的穿衣品行，让她拥有了很多的粉丝。

图3-13 张大奕的潮牌服饰

她又是如何做到的呢？不靠一些违规的竞争手段和擦边球，张大奕也有自己的营销方式，那就是善于打扮自己。另外就是，发微博和淘宝直播时的语言表达上和粉丝互动上比较勤快（图3-14）；当然少不了社交平台进行商业变现，并建立了一套完整的商业链。张大奕刚开始就是发微博，忽然间发现其实自己可以做一些导购，可以去卖一些相应的商品。

图3-14 张大奕的微博与粉丝互动

再后来发现如果把生产供应链抓在自己的手里那就更加好做了。她现在是有一套完整的商业链，不是去卖别人的商品，而是卖贴有她自己商标的商品。借助工具及经纪公司的指导，现在的主播差不多都有经纪公司专门去做包装，指导她们怎么去做这个工作。

她的成功除了教我们如何去成为一名成功而又挣钱的主播外；也教会我们成功是我们自己一步一步走出来的，遵守社会公德，给自己树立一个好的道德修养，再用自己的努力、坚持去争取成功。网络上的红人参差不齐，但人心都应该是向善的。为自己、为他人做一个好榜样，让直播这个行业朝着越来越好的方向发展是每个主播不可推卸的责任。

3.2 中期，团队来造梦

　　一个人的精力终归有限，若只是在初期，主播尚可以兼顾一下直播和其他如视频、网店等副业，因为没有太多的流量和问题需要服务和处理。一旦进入到发展期，主播的流量激增，就需要兼顾到不同时段、不同人群的观看需求，直播时长增加；加上平台签约后的硬性要求，以及随之而来的其他社交媒体、商业版块需要看护，就很难做到面面俱到了。好在这时期，一般的主播都具备了一定的积蓄，可以发展和组建自己的团队了（图3-15），哪怕只是数人的雏形。

图3-15　组建团队

3.2.1 | 策划团队：集思广益造新卖点 <<<<<<<<<<<<<<<<<<<<<<<

　　与单打独斗相比，签约平台虽然会带来束缚和限制，但也会为主播带来更好的资源和团队。著名直播公司Lin Edition Limited（Lin家）（图3-16），将一些"散户"聚集起来，进行公司化运营。平日里，主播们负责在微博、微信、各直播平台上与自己的粉丝进行内容互动，然而事实上，她们的一言一行，事先都要经过公司的审核和同意，以免言语不当导致节外生枝，让竞争对手有可乘之机。

图3-16 时尚博主"Lin"登陆《COSMO》

1. 组建团队，创意灵感源源不绝

俗话说：一个和尚挑水喝，两个和尚抬水喝，三个和尚没水喝。"三个和尚"是一个团体，他们没水喝是因为互相推诿、不讲协作。"三只蚂蚁来搬米"之所以能"轻轻抬着进洞里"，正是团结协作的结果。正如有首歌唱的"团结就是力量"，相信自己的力量，更得相信团队的力量，因为团队合作的力量是无穷尽的，一旦被开发，将创造出不可思议的流量。

关于主播组建团队，不得不讲一讲于梦姣背后的团队力量。于梦姣何许人也？她是直播达人，也是一名淘宝"网红"店主（图3-17）。于梦姣的店铺"于MOMO潮流女装"在2010年上线，至今累计收藏的粉丝数量超过400万，她和她的团队取得的成功是巨大的。怀孕以后，于梦姣便将工作移交给团队，她曾一度担心替换模特后，会让店铺销量下滑。但事实上，其当年店铺销售额上亿元，较前一年提升近33%。于梦姣坦言，这一切的功劳都归功于团队。

图3-17 于MOMO潮流女装店

于梦姣是如何做到的呢？看看她如何经营淘宝店就知道了。如果需要在两件不同白衬衫中选择，于梦姣会先分别让模特团队试穿（图3-18），然后让运营团队做初期的判断；设计师会根据大家的意见，结合店铺的风格进行细节修改。"一件衣服首先需要我穿着好看，接着要适合大众，最后是适合我们店铺的人群定位。"每个步骤都少不了团队中每个人的努力。有了产品，接下来就要看吆喝了。"于MOMO"教你成为淘宝营销达人：要特色，自己要努力，更要团队合作。

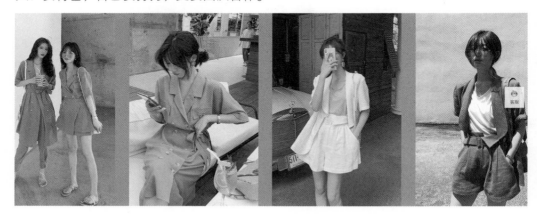

图3-18　于梦姣的模特团队

出身"草根"，于梦姣的身材与面容也并非达到模特水准，然而这正是"网红"店铺吸引粉丝的关键，更接近生活气息的主播们往往更让粉丝向往。在拍摄宣传海报时，要想拍出更好、更自然效果的海报，就要求拍摄者与被拍摄者有一定的熟悉度，能够找到模特好看的角度。

团队中的每个人更是在无数次历练中成为彼此熟悉的好朋友。所以，于梦姣的成功不仅是她自己努力的结果，更是来源于团队合作的结果。正所谓：众人拾柴火焰高。

2. 产业链条，IP最终要为"利益"服务

中国互联网产业链条复杂程度和影响力在融资后的"Papi酱"身上得到了淋漓尽致地体现。我们过去的直播营销产业链条其实比较简单，当时还是在"YY"时代，"秀场"娱乐平台主播多以身材、姿色、才华出位，赢得一些粉丝追捧，加之工会和经纪公司包装成为"明星"主播。但那个时候主播们往往都是玩票性质，自己开心就够了。但到了今天的环境之中，已经转变为盈利核心（图3-19）。

图3-19　盈利为核心

根据"易观智库"《中国秀场娱乐市场专题研究报道》指出，在大环境中，随着微信、微博等新媒体平台与支付宝、微信等支付渠道的打通，加之众筹、打赏模式的出现，主播利用流量变现的闭塞模式已被打通。人们可以随时随地地看自己喜欢的主播、新闻消息等。同时，也可以随时随地的为自己喜欢的主播和物品买单，十分便捷。

除此之外，"秀场"娱乐直播的本科和硕士用户占比也达到了24.4%，"秀场"的多元业务拓展，教育、财经、证券等多样化内容也正在逐渐丰富起来。对于主播而言，签约一些小型或是直播经纪公司也就可以了。下面我们就来了解一下签约经纪公司的优点。

（1）拥有人脉、资源

经纪公司人脉广、资源多，并了解熟知市场需求，知道剧组需要什么类型的演员。

经纪团队里一般有3到5人的执行经纪人或经纪人助理，这个圈子并不大。他们每天负责联系各大直播平台，加各种圈内QQ群，给各种导演、制片人发电子邮件，加各个圈内人士微信进微信群等，总之用一切办法挖掘资源，建立人脉。一个做上几年的专业经纪人，起码也得认识几百到几千人的业内靠谱资源，并且有部分资源关系密切（图3-20）。

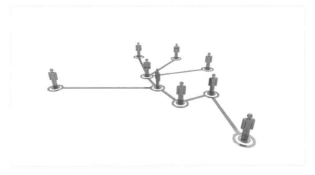

图3-20　人脉资源

（2）专业包装、规划

经纪公司可以根据主播自身特点结合营销市场需求进行包装规划，主播应该走什么样的路线、名字好不好、形象需不需要重新打造、宣传照是否专业、网络资料有没有完善都要负责。

（3）熟悉媒体行业

经纪公司了解媒体思维，能够充分挖掘艺人的宣传点、制造舆论，提升知名度。

（4）了解相关法律政策

经纪公司熟知相关法律政策，能够避免产生纠纷。

（5）专业技能培养

经纪公司（图3-21）可以保证主播的稳步发展，为主播打造比较高的质量内容，但不是所有人都适合签约经纪公司，如果完全是一张白纸，就很难确定适不适合签约公司，而当主播崭露头角之后，自然会有经纪公司找上门来。如果不想受经纪公司的操控，也可以组建自己的运营团队。

图3-21　各式各样的经纪公司

3.2.2 | 管理团队：营销岗位的职业化 <<<<<<<<<<<<<<<<<<<<<<<<

营销团队需要多方面的考虑和协作，要在激烈的竞争中站稳脚跟，首先必须有一个与团队发展相符的组织架构。在直播营销中就可以简化许多，以直线式（基本配置）和矩阵式（高级配置）为主。因此在营销团队中的职位安排，也可以按照直线式和矩阵来进行。

1. 基本配置

直播+电商在真正投入运营时，往往会遇到人手不足、预算不够的境地。如何提升岗位的效率，让投入变得更小、效果变得更好成为新手必须迈过的坎儿。在初期创业的情况下，可以充分发挥员工的潜力，让其接触多方面的工作。身兼多职能在很大程度上降低成本，也能为之后团队发展打下管理基础，这些能够跟随自己走过创业之路的员工，就是主播构建团队的基石。

虽然背靠直播，但作为合格的电商团队，在开始时跟其他的传统电商无二，一名有经验的运营、一名具有社交媒体思维的美工，以及一名技术人员，就可以基本维持这个团队的运营。

图3-22　营销基本团队构架（直线式）

（1）运营

需要在文案、创意、活动策划等方面活跃。可以说运营就是主播电商团队的大脑，负责衔接直播内容与产品、品牌的关系，并做出合理的运营方案，指导美工、技术的工作。也需要负担起"客服"的一部分责任，可以说就相当于一个淘宝店主。

（2）美工

需要对社交媒体、网店中所有展出的图片、店铺页面、产品图片、图文内容和海报负责，根据运营所提供的思路和素材，将这些要素处理妥当，配合直播营销（图3-23）。相当一部分主播，都有自己粉丝或雇员组成的美术组（其他还有录播组等，在此不做赘述）。

图3-23　"LOL无双小智"的外设店海报

（3）技术

需要负责除美工以外的，包括网页、设备等的维护。虽然有不少主播选择外包，但做出来的效果并不尽如人意，更是由于服务的不仅是一家店，很难保证不出现差错和随叫随到。尤其是做外设等一些较为专业的产品，更是需要有"懂行"的技术员作为支持。

2. 高级配置

在主播营销团队发展到成熟期的时候，需要统计网店的会员和历史积累的相关数据，挖掘更多的潜在价值。处于成熟期的团队是很看重数据分析的，因此每个人都会有自己专门负责的事情。而很难再像刚开始时，一个人能负责很多和自己岗位不匹配的事情。

这个时候就出现了真正的管理层概念，需要以部门的形式（即矩阵）来管理。独立的团队主要由产品部门、技术部门、营销部门和客服部门这几个部门组成。

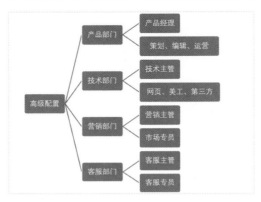

图3-24　营销高级团队构架（矩阵式）

（1）产品部门

产品经理对主播（老板）负责，可选择原来的运营人员担任经理。主要负责制定出详细的产品运营流程，推广方案等（策划）；产品的上架、下架、活动、产品页面的描述（图3-25）、照片处理（编辑）；在网店及外网对产品进行页面图片链接和一切与产品相关的事宜（运营）。

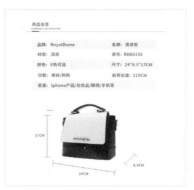

图3-25　产品描述需要专业的编辑

注意，这里的产品也包括直播的内容。

（2）技术部门

技术主管对主播（老板）负责，选择熟悉网店业务的员工来担任（理解技术需求），将原本的美工人员和技术人员归纳进来，进行针对网店的维护和优化。此外，需要增加一名负责第三方平台对接的专门负责人，维护包括微信公众号、微博等内容的同步更新。

（3）营销部门

也可称为市场部门，从原来的运营职责中分裂出来。除了需要负责数据统计、配合运营部门制定新的策略、提供选品等方面的支持外。营销部门还需要针对站外（例如贴吧广告、百度竞价等）等手段进行扩展。当然，营销专员人数由主播（老板）的产品规模所决定。

（4）客服部门

我们多次说到了客服对主播（老板）网店的影响。这个部门是和粉丝们直接接触的，关系到粉丝对主播的直观印象。成立客服部门，招纳至少两名以上的客服，能够保证领域的专业化，也能够增加客服在线的时长。此外，主播偶尔客串客服，也是一种营销手段。

甚至于现在的淘宝，更是玩起了客服直播（图3-26），在线答疑，客服的地位越来越重要。

图3-26　客服直播成趋势

3.2.3 运营团队：提高整体工作效率 <<<<<<<<<<<<<<<<<<<<<<

一个团队要明确自己要干什么，能干什么，怎样才能把事情干好，作为团队领袖的主播，在团队的运行中必须保持敏感。对于粉丝需求的变化要及时反应，带动自己的团队跟着一起转动（图3-27）。主播是与粉丝接触较深的，等到团队反馈势必会落后一部分人。

图3-27　带动团队运转

1. 团队经营

电商团队建立培训制度的目的就是培养符合自己需求的成员（图3-28），直播经济链越来越成熟，但配套的电子商务人才严重短缺。因此，针对所需要的不同岗位进行培训是很有必要的，例如：技术类的岗位，则要求员工精通网页设计，包括网站维护、编辑与美工。营销类的岗位，则要求员工熟悉品牌产品、粉丝的服务等要素的综合应用，并将所学知识结合起来应用。

图3-28　团队培训

（1）身先士卒

主播在团队营销中需要身先士卒，成为整个营销机器转动的源泉，否则会出现各自为战的情况。即便大家都在努力，却可能不在一个方向上。这样相互掣肘，反而会让效率大大降低。领导者的破坏力其实更大，因为所有的"部件"都会围绕着领导者来转。

（2）规范行事

没有规矩不成方圆，直播+电商营销，并不是特殊的电商团队。在工作中，规范的用人制度依然是保证工作效率的基本。不能因为主播本身的风格是幽默风趣，就在团队管理上也嘻嘻哈哈，不能因为自己的好恶和心情办事，更不能意气用事、因人而异。

（3）定期总结

互联网属性更加明显的直播，比传统电商营销更具备时效性，一个反向错误不及时刹车，就可能让整个营销团队的策略谬以千里。因此，评估与总结是必要的。发挥目前的优势部分，弱化和弥补自己的弱势部分，选择强强联合，还是转型求变，都需要根据总结来定（图3-29）。

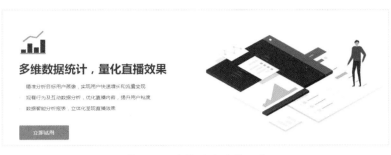

图3-29　直播后台统计工具

团队培训乃是主播之后一切转型、升级的基础。不论是游戏主播转型做电子竞技培训、"秀场"主播出道成为歌手，若没有自己稳定的团队支援，很容易陷入被动，被行业"绑架"。典型的案例就是不少电子竞技职业选手在做主播之后，逐渐会发展自己的电子竞技战队，但却都因为经营问题，在没有取得什么成绩之前，就被迫关停。如果希望将直播作为自己的职业，就需要提前做好准备，在恰当的时机把自己的团队运营抓起来，而不是"临时抱佛脚"。

2. 激励方式

除了有效的培训和制度，团队激励也是运营团队的关键要素，必须通过适当的激励方式与手段来增加团队凝聚力和工作动力，尤其是可能以粉丝为基础培养出来的直播营销团队。当然，基础的还是物质利益激励，主要包括以下具体形式。

（1）奖酬激励

奖酬激励包括工资、奖金、各种形式的津贴及实物奖励等。如果以团队形式固定下来，主播可以申请注册自己的公司，与员工签订合同，稳定"军心"。

（2）关心鼓励

主播的团队中可能存在粉丝，参与到这个团队中来，薪资是次要的，他们希望得到主播和其他粉丝的认可，为主播的团队做出贡献。对他们的认可比什么都强。

除此之外，一些电商团队的惯用激励技巧也是有用的。

（3）目标激励

即以目标为诱因，通过设置适当的目标、激发动机、调动积极性的方式。可用以激励的目标主要有三类：工作目标、个人成长目标和个人生活目标。

（4）表扬与批评

表扬与批评是管理者经常运用的激励手段。

（5）感情激励

即以感情作为激励的诱因，调动人的积极性。

3.3 上升，直播从不孤单

　　如果说前几年的"网红"还只是应运而生的泛娱乐化产物，那么在近几年的摸爬滚打后的直播经济已经成为一个垂直专业化的行业，从创意到运作到收益自成系统，缺一不可。网络主播们不再以一种尴尬的身份存在，而是一个正式的职业。上面提到过的张大奕就是"如涵"旗下的"直播猛将"。"如涵"通过更多元化的手段，将广告营销、内容策划、风格塑造等相结合，为主播打造出独特的价值。同时通过供应链系统化整合资源，实现整个"网红"价值变现和粉丝消费的循环模式（图3-30）。

图3-30 "如涵"电商运营模式

3.3.1 直播与电商：为产品代言 <<<<<<<<<<<<<<<<<<<<<<<<<<<<<

　　直播红得发紫之时，"直播+"也不可忽视。那加号后面应该跟着什么？在互联网时代，正当红的电商就与直播联系了起来，并发展得如火如荼。成为新风口的电商直播模式也不负众望，迅速飞起吸引了大众的视线。电商直播（图3-31）是在新时代中产生的新经济模式。

图3-31 电商直播创造新价值

在这里要再明确一下电商的定义。什么是电商？说白了电商就是在互联网上销售产品而进行的商业活动，是把现实生活中的商业活动，搬到虚拟世界当中来进行。这种交易方式非常便利和快捷，打破了时间和空间的界限，是对传统商业形式的一个巨大变革。在网络的催化下，"直播"是热点，"电商"也是，有前瞻性的人将两大焦点结合在一起，纷纷转向直播+电商的怀抱。

淘宝主播"薇娅"就有自己的运营团队，也就是现在的"谦寻"。这个机构的运营负责人"奥利"在头条私享会透露：2016年其直播的观看人数是1.1万，2017年是72.3万，2018年5月为止是152万。而随着人数的上涨，商品转化率不降反增，从2016年的2.02%上升到3.3%并且趋于稳定。"谦寻"成立一年就已经在淘宝直播体系下，服务了近7000个商家。而且，"谦寻"还签约了不少主播。谦寻旗下的一对著名双胞胎主播楚菲、楚然（图3-32），也是直播五分钟，卖货数百单的"牛人"。

图3-32 "谦寻"旗下的楚菲、楚然

1. 电商直播的流程

以"谦寻"为例，淘宝等电商直播的整个流程可以分为9步：目标、主播、模式、寄样、脚本、核对、准备、直播和复盘。

（1）目标

确认这次直播的目的是品牌宣传、活动造势还是产品销售。不同的目标会指向不同的直播形式。

（2）主播

要选择适合产品或者品牌的主播，很多商家对主播的要求就是粉丝数量，建议商家在选择主播的时候要了解主播粉丝和自身粉丝的画像是否重叠，一个100万粉丝的主播如果和你的粉丝画像只有30%的重合，不如选择一个有50万粉丝但是跟品牌100%粉丝重合的主播，物美还价廉。

（3）模式

主要有混播和专场两种模式。混播的优势是门槛低、灵活性高，适合推爆款，销量好的商品，费用比专场低很多。专场大多是品宣或者活动预热。

（4）寄样

让主播提前了解产品，也是直播中展现的样品。

（5）脚本

第一是要符合主播的个性，要根据主播的意愿来定制脚本；第二是要简短地融入品牌理念、产品特色、使用方法和背景故事；第三是突出利益点，要给直播间粉丝专属的利益点。

（6）核对

直播的优点是实时互动，缺点也是实时互动，如果中间出现错误的话，可能会造成资损，所以最好安排专人跟踪直播，由这个人控场。

（7）准备

安排好足够量级的客服，仓库里提前打包好，运营也要随时候场应对直播中的突发状况。

（8）直播

第一是实时关注直播进程；第二是安排专员记录直播间粉丝的需求；第三是及时调整利益点。

（9）复盘

直播结束后，大家可以复盘一下当场的直播数据，比如在介绍哪些产品的时候在线人数高，这个产品的特点是什么。同时总结一下流程上可以调整的地方。后续可以跟踪粉丝对产品的评价。

可以说，电商用自己的模式把直播安排得明明白白，让其成为自己的营销利器。而主播们也得益于电商，拥有了自己的全新直播内容和变现渠道。

2. 电商直播经济链

"优依"（图3-33）是一位淘宝平台上的"网红"，她利用电商直播的模式开网上服装店。现在，这位"低阶网红"每个月的流水也有几十万元人民币。甚至有一家淘宝"电商"找到她想与她合作，对方提供前期费用，帮她提供材料、根据版样实现成衣、供货、发货等，"优依"负责拍照、修图、选款、下单就可以了。"优依"并不懂粉丝经济，但是合作的电商会给她关于"拉粉"的建议，告诉她如何与粉丝沟通。这些都是她一个人做不来的。

图3-33 "优依"的潮流服装

事实上，现在淘宝上这种主播与孵化器公司的合作已经不是新鲜事了。据《网红经济学：再造1000个ZARA》的报道，一家孵化器公司可以为一个新晋主播和网络主播们提供30余人的幕后团队，10余人为她全职服务。该文章转述了一位公司负责人的观点：观众更愿意看到周星驰在电影里的样子，我们做红人店铺也一样，观众需要一个演员。

主播的背后，已经呈现出了一个复杂的经济链（图3-34）。助推、商业化等环节环环相扣，电商经济背后的供应链也让我们看到了主播的成功离不开这些孵化器公司以及他们背后的产业链。因此，也有不少人认为，产业链才是主播的未来。

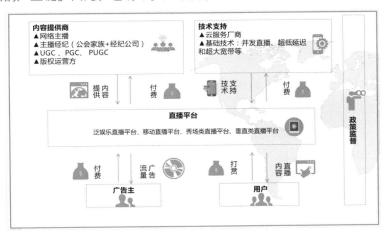

图3-34 主播背后的产业链条

3.3.2 直播与综艺："大咖"就在你身边 <<<<<<<<<<<< <<<

经过"千播大战"之后，直播行业格局基本奠定，各大直播平台在保留原来内容形式的基础上也在不断探索新的内容形式。毕竟"靠脸吃饭"的直播绝不是长久生意，于是在新事物迅速融合的背景下，直播平台也渐渐催生了直播+综艺的新玩法，不少直播平台已经开始尝试直播综艺。

从2017年起，直播平台陆续推出的"淋浴歌王"比赛、乡野气息扑面而来引的"荒野狂人2"、闯关竞技类直播综艺节目"宝贝，向钱冲"等。"映客"也斥资上亿推出了自己的综艺秀节目"映客樱花学院"（图3-35），不仅从线上走到了线下，李宇春、刘嘉玲、张靓颖等众多"大咖"都亮相"映客"倾力相助，打造了"樱花女神星光夜"直播盛典。

图3-35 "樱花学院"海报

随着泛娱乐化产业的爆发，直播+综艺在迎来各自爆发的同时也都面临着各自的问题。直播+综艺是原本属于不同类型的娱乐方式却能融合到一起的典型。一方面是综艺节目可以借助直播的东风，吸引大量的观看流量；另一方面将移动直播行业与传统综艺结合，其真实性、实时性的效果可以给观众身临其境的体验，打破了只能对观众单向输出内容而缺乏即时回馈的传统综艺模式。直播平台的交互性能力是无比强大的，相较于单纯的网络视频，观众和节目内容的互动性更深。

1. 综艺的新玩法

对于直播来说，作为泛娱乐时代的一种新玩法，也是直播寻求内容多样性的结果。随着时间变化，用户对于直播内容的要求也水涨船高。直播平台急需更多的优秀内容来填补"缺口"。与综艺的结合不仅可以满足用户多种多样的娱乐需求，同时也为了突破自身的天花板。综艺节目可以有不同的题材和类型，直播+综艺的推出使直播平台上升到了内容制作领域。

因此，二者的有机结合是直播寻求内容发展的结果，同时也是综艺节目寻求转型的一个机会。对于广大观众来说，由于直播本身的互动性，直播综艺在提高观众综艺参与度的同时，也给予了观众以至高无上的权利，观众可以通过打赏、投票等方式来参与剧情的发展和演员的评价。可以说，直播综艺的推出真正尊重了用户的主体地位，因而受到广大用户的喜爱和追捧。

无论是直播还是综艺，都已经发展了很长时间，但就直播综艺而言这个风口其实才刚到，为了争先抢风口，当下直播+综艺的探索主要有以下几种形式。

（1）有直播元素的录播

现在有些电视台推出的赛事和综艺直播，实际上是现场实时直播比赛，可以算有直播元素的节目。

（2）无缝纯直播

"腾讯"视频挑战24小时直播和周期一年的"我们15个"（图3-36），给人更真实的感觉。

图3-36 "我们15个"海报

（3）台网联动的直播方式

"映客"两度联手"我是歌手"，2018年"我是歌手"收官季，映客升级直播方式，打造真正全方位直播模式，与电视直播形成强力互补，给予观众全新的观赛体验。

（4）直播网综

在经历了网红大产出的时代之后，内容已经成为能否吸引观众的重要因素。但受制于各种因素，单纯由平台打造、仅依靠主播参与的节目已经证明很难吸引观众的眼球。除非是有现象级的节目出现，与娱乐圈强势IP联合打造直播+综艺已是最好的选择，而直播+综艺在未来一段时间内依然是重头戏。

2. 明星也来加盟

一度被誉为"霸屏女王"的刘涛，也对"直播"这门新鲜玩意儿相当热衷，早在"欢乐颂"的发布会上，她就应某直播平台邀请全程直播了台前台后的盛况，还邀请"华妃"蒋欣和"靖王"王凯加入，一度引爆话题。此后，刘涛多次开通直播（图3-37）。这之后的直播，她的主题性更强，现场直播中卖她在"欢乐颂"里扮演的角色"安迪"所穿过的衣服。

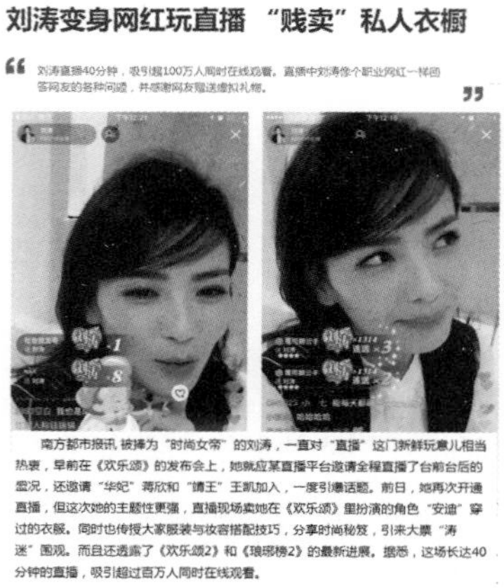

刘涛变身网红玩直播 "贱卖"私人衣橱

刘涛直播40分钟，吸引超100万人同时在线观看，直播中刘涛像个职业网红一样回答网友们的各种问询，并颁赠网友淘宝虚拟礼物。

南方都市报讯，被誉为"时尚女帝"的刘涛，一直对"直播"这门新鲜玩意儿相当热衷，早前在《欢乐颂》的发布会上，她就应某直播平台邀请全程直播了台前台后的盛况，还邀请"华妃"蒋欣和"靖王"王凯加入，一度引爆话题。前日，她再次开通直播，但这次她的主题性更强，直播现场卖她在《欢乐颂》里扮演的角色"安迪"穿过的衣服。同时也传授大家服装购衣容搭配技巧，分享时尚秘笈，引来大波"涛迷"围观。而且还透露了《欢乐颂2》和《琅琊榜2》的最新进展。据悉，这场长达40分钟的直播，吸引超过百万人同时在线观看。

图3-37　刘涛直播

在一次直播中，刘涛先是解密"欢乐颂"中"安迪"的服装99.9%都来自于自己衣橱，展示衣服的同时，她还回顾了剧中与"老谭""奇点""樊胜美""小包总"（剧中人物名称）的经典片段，精彩的讲解让线上观众数量直线飙升。刘涛在直播中表示，此次展示的衣服将进行慈善义卖（图3-38），并将收入捐助给山西平遥一位名叫闫建星的患病女孩，十分暖心。

近日，刘涛登陆YY直播开播，引来近70万"涛迷"在线观看。刘涛将《欢乐颂》电视剧中扮演的安迪部分服饰进行对外义卖，所得善款将捐助给山西平遥的一位残疾女孩。让所有痴迷安迪的影迷们感动不已。据悉，本次服饰共计卖出18件，开售5秒之内就被抢购一空，刘涛在剧中的精美服饰也吸引了众多的粉丝及观众，纷纷表示求购下一批。

图3-38　直播义卖

她在直播的同时，也传授大家服装与妆容搭配技巧，分享时尚秘技，教穿衣化妆，这等新鲜事引发粉丝围观。其中一场直播长达40分钟，吸引超过百万人同时在线观看。短短半个多小时，刘涛所在的那个直播平台服务器就因为人流量太大而瘫痪。这场直播可谓经典的营销。

3.3.3 直播与教育：学习资源共享 ‹‹‹‹‹‹‹‹‹‹‹‹‹‹‹‹‹‹‹‹‹

教育直播是在线教育的一种，按照教学内容来划分，在线教育主要有以下几种：语言类、考试考证培训、K12（kindergarten through twelfth grade）阶段基础教育、职业技能、特长爱好等几大类。这几大类几乎涵盖了所有年龄段和行业的群体，每一类都有相当明确且壮大的针对目标群。在线教育平台会力求做到兼顾，但很难做到全面，一般会侧重发展某一大类。

不管平台侧重点在哪一方面，在线教育受众群体广泛、可选择平台数量丰富、市场还未饱和是不可争辩的事实。也就是说，在线教育直播行业还有很大盈利的空间和更多新的模式（图3-39），利用知识盈利是教师或身怀技能的人进行营利的途径。老师不一定非要站在讲台上。如今老师也上网，活跃在电脑屏幕前的他们与时俱进，开启了在线教育的新时代。

图3-39　在线辅导新模式

1. 知识产权崛起

一直以来，知识产权都是一个专业性较强的高门槛传统领域。若不是互联网的风潮汹涌而至，恐怕也不会受到广泛的行外人士关注。同时，知识产权行业又变得越来越和日常生活息息相关，每年层出不穷的版权抄袭事件，一次次敲响了那些不注重知识产权的人们心底的警钟。

主打"互联网+知识产权"的知识产权服务平台"权大师"，一次次对外宣布完成天使投资。虽然其提供免费注册商标服务，与"知果果"等知识产权商标类似，也是不彻底的免费服务。但是，其提供的商标检索工具，却可以同时被商标代理从业人士以及商标申请者和持有者使用。显然，"权大师"找到了商标检索领域的"痛点"，并通过技术创新切入其中（图3-40）。

图3-40　创新才能制胜

一方面，免费策略颠覆了传统的商标检索服务收费模式，另一方面，也颠覆了传统商标检索体验。"权大师"模式的好处就在于其与传统商标代理机构之间的关系，不是简单的竞争，更是一种合作关系，而其给商标申请者和使用者提供的检索服务，也能持续增强用户黏性。

与此同时，"权大师"（图3-41）在检索结果中，还提供商标交易入口，这对于收集潜在用户信息以及与此类用户建立良好互通，都打下了良好的基础。从某种意义来说，"权大师"具备构建"互联网+知识产权"的生态服务模式，让传统商标代理、申请者及持有者共同受益。

图3-41　"权大师"Logo

至于"权大师"能否真正形成知识产权服务领域的"平台经济"，核心在于其平台何时能够实现规模突破，这个规模既包括传统商标代理机构及人员入驻和使用频次情况，也包括潜在商标申请者、持有者的用户规模情况。只有当申请与服务两端的用户规模相继达到一定量级时，平台才有可能进入良性运转，进而产生持续的交易。

无论如何，知识产权的营销也像是一把双刃剑，影响着大众的日常生活。好的一面是知识产权不再遥不可及，不再远离我们的生活，不再想寻求帮助时无处可找；坏的一面是知识产权泛化，太接地气，良莠不齐，人们的选择更加困难。

2. 教育直播走红

回到直播，现在众多的在线教育平台让人眼花缭乱，其中"腾讯课堂"（图3-42）凭借着其独特的风格占据了相当一部分在线教育市场。"腾讯课堂"是由"腾讯"推出的专业在线教育平台，汇集了多家优质教育机构和教师资源。作为开放式的线上平台，"腾讯课堂"不仅与线上教育平台联手，还计划引入优秀线下教育机构入驻，多方共同探索在线教育的无限潜力。

图3-42 "腾讯课堂"Logo

"腾讯课堂"拥有一个无可比拟的优势，那就是与QQ无缝衔接。同作为"腾讯"旗下的产品，"腾讯课堂"充分借用了QQ的高人气。在QQ群组聊天一栏里即可购买"腾讯课堂"课程，这也保证了"腾讯课堂"拥有比其他平台更多的用户，毕竟是使用人数较多的社交客户端。

与多数在线平台将重心放在K12阶段性教育不同，"腾讯课堂"虽说也有初高中等在线课程，但却不是王牌板块。"腾讯课堂"的王牌是IT·互联网设计类课程，是"攻城狮"的天堂（图3-43）。"腾讯课堂"不仅紧跟潮流开辟了在线直播教育模式，还紧随科技潮流，将IT科技相关课程作为重点，颇有些要拿下在线教育市场的气势。这一选择无疑非常成功，众多科技达人聚集，他们可能是开课的主播老师，也可能是想进一步提升自身的学习者。

【从攻城狮到程序猿】CATIA VBA
二次开发零基础入坑教程

120天带你逆袭攻城狮|
（Java/Python/UI/平面零基础-...

图3-43 "腾讯课堂"王牌——"IT·互联网"板块

"腾讯课堂"凭借QQ客户端的优势，实现在线即时互动教学，提供流畅、高品质的课程直播，同时支持PPT演示、屏幕分享等多样化的授课模式，还为主讲教师提供白板、提问等服务和能力。"腾讯课堂"在一定程度上改善了资源分布和发展的不均，依托互联网，打破地域的限制，让每个立志学习的人，都能接受优秀老师的指导和教学；同时可以给优秀的机构及教师一个展示的平台。

"腾讯课堂"似乎打算在科技这条路上走到底，在互联网科技类课程大热的同时，还采取了高科技手段——推出了"云+课堂"的模式（图3-44）。"腾讯课堂"也推出了由"腾讯云"的"大咖"们亲自主讲的课程，涉及云计算入门、进阶等各阶段技术知识。

随着"腾讯云直播"功能日益精进，不难想象有一天"腾讯课堂"会与"腾讯云"联手直播，不但能扩大直播平台和受众群体，还能进一步提升"腾讯课堂"的形象，扩大品牌影响力。

图3-44 "云+课堂"

除了"腾讯"外，"云课"直播、"斗鱼"直播等平台也在逐渐发展教育板块。其中"云课"是专业的K12在线学习平台（图3-45），面向接受基础教育的学生提供了方向全面的各类课程。主打当下火热的直播在线授课，意在打破时间与空间的界限，为教师高效教学、学生高效学习、家长高效管控，以及机构高效管理提供完美解决方案。

图3-45 "云课"直播

"云课"网的直播课程立足于"云计算"科技，特点就是资源共享。以"云课"网中的免费直播课为例，课程面向的用户不只是某一位学生，而是不同地区、不同学校、不同班级的所有学生，只要成为"云课"网的用户，就可以共享一节直播课的资源，没有其他要求。

付费直播课与之相比多了一层付费的限制，但仍然是无地域时间限制的资源共享。"云课"网俨然成为一个课程资源共享池，用户都可按需从中取一瓢池水。如今有多家教育机构看好"云课"网的直播系统而入驻，包括"高能100""长郡网校""拓维1对1"等等。

这些机构针对学前、小学、初中、高中等K12教育的各个阶段，为"云课"网的用户打造了各类教育课程。资源共享必将成为在线教育的大势，"云课"直播先踏入了这个领域抢占先机，为应对以后的激烈竞争打下了坚实的基础。

说到再教育直播发展，就不得不提到"斗鱼"。虽然大多数人对斗鱼的第一印象都会是游戏直播，或者想起"white""笑笑""小苍"等知名的主播。乍看之下"斗鱼"直播和在线教育也沾不上边，但其用事实说话，开启了名为"鱼教鱼乐"教育板块（图3-46），势必要攻下教育直播的桥头堡，争做综合直播平台开教育直播的第一人。斗鱼在"鱼教鱼乐"的官方文案里介绍："斗鱼将在今年打造全新教育形式，寓教于乐，让每个人都学在其中，乐在其中。"

图3-46 "鱼教鱼乐"板块

在教育主播的挑选上，"斗鱼"想要寻找的教师主播向游戏或"秀场"主播的风格靠拢，摒弃不苟言笑的严肃风格。换句话说，在"斗鱼"直播里，老师放下架子，成为主播。为了招揽教育频道的主播，"斗鱼"推出了"百分百签约"计划，即一切符合教育培训定义的内容都会百分百推荐，观众达到1000人，就可获得与斗鱼官方签约的机会，并提供首页推荐机会和专属包装推广方案。如此"下血本"的条件充分显示出了"斗鱼"立志拓宽教育板块的决心。

在直播课程类型的安排上，也能看出"斗鱼"的野心。"斗鱼"官方列出了可以被归类为教育的十个大类，除了常规的语言、K12 基础教育、职业技能和文化教育之外，星座占卜学、塔罗牌、调酒师等兴趣类技能也包括在内。多样化且趣味横生的课程分类吸引了大批观众。

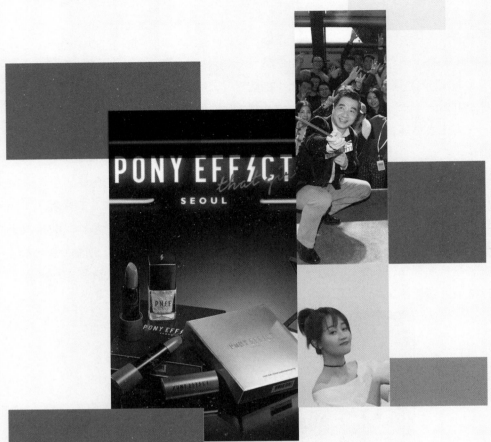

04 内容，直播的营销核心

　　"内容为王"是一句媒体人都耳熟能详的口号，特别是这个内容同质化严重的时代，直播产业逐渐趋向成熟，各平台主播因为内容而掀起激烈竞争。直播行业竞争的本质可以锁定为内容差异化的打造，有特色的原创内容是今后直播营销的基石，我们有必要对原创内容探一个究竟。

4.1 模仿，出于蓝而胜之

　　直播内容当然是原创的更受欢迎，但是原创需要的灵感和创意不可能随时迸发出来。彻头彻尾的原创难度很大，成本也不低，不是一句努力就可以换来的。更关键的是，效果往往也是不可预见的。其实对于新人主播来说，寻找适合自己的人气高的、力所能及的直播内容进行模仿，是比较稳妥的起步方式。

4.1.1 学习广受欢迎的典范 <<<<<<<<<<<<<<<<<<<<<<<<<<<<<

　　虽说是模仿，但是切不可一味地照搬照抄，这样很难给粉丝留下自己特有的印象。更何况，这样的模仿还可能引起版权纠纷。很多主播尝试通过模仿一些大牌"明星"的妆容、穿着、语气、经典歌曲等各个方面，或搞笑或认真，可以带给粉丝们不少笑料，甚至能开创自己的特殊风格。而后，主播们也成为被模仿的对象，包括素材借鉴、风格模仿、同类挑战等等。这种模仿学习带来的效应就是，人气高的内容可以在一夜之间引发全民"跟风"热，例如"抖音"上的"学猫叫"（图4-1）。

图4-1　不同版本的"学猫叫"

1. 模仿中提高

　　要说直播界的"模仿大咖"，就不得不提到冯提莫。现在，她的人气堪比"明星"，各平台粉丝数量都非常庞大，还成了电视综艺的常客。其实早些时候，她也并没有如现在这般发行自己的个人单曲，而是在直播中翻唱经典歌曲。由于声音条件不错，唱功也很好，每每能把一首经典歌曲唱出自己的风格和特色。同样的一首"学猫叫"，她甚至能唱红到国外。

在众多翻唱的版本中，她唱的更加有韵味，也得到了多数人的喜欢和认可。可以说她的模仿，并非单纯的有样学样，而是融入了自己的理解和想法。在诸多同质化的内容中，冯提莫能够再次突破，她的实力让人不得不佩服。特别是她的手势舞（图4-2），一度成为众多"秀场"主播的必备节目。在模仿中寻求提高，是她能够在诸多竞争与风波中屹立不倒的原因之一。

图4-2　冯提莫的手势舞教学

值得一提的是，在娱乐方面独树一帜，常常被其他人模仿的一些韩国"秀场"主播也将冯提莫作为自己模仿的对象。同样是模仿，为什么她能够比别人更突出？答案已经很明显了。在模仿中积累足够的经验；通过学习，改善原本模仿对象中的不足；替换掉别人的印记，发挥自己的想象力，积累→学习→创新（图4-3）。省时省力，起点又不会太低。

图4-3　在模仿中寻求提高

2. 模仿中求变

模仿是主播们追求原创中较为简单的学习方法，也能在初期吸引不少粉丝的目光。但是当新鲜度过了以后，观众就会对这个模式感到乏味。如果主播一直模仿某一种内容和风格，这个直播间很容易就会被粉丝抛弃了。如果觉得随便玩玩游戏、聊聊天、吃吃东西就能成为主播的话，还是趁早放弃主播这条创业之路吧。每一条通向成功的路都不会是一条坦途，没有人能随随便便成功。

纯粹模仿者只能吸引到对被模仿人物有一定认知的部分粉丝关注。如果没有自己的东西，有朝一日被打上了某某模仿者的标签，那么以后的路子就会变窄，做什么都像是在模仿了。所以模仿也必须融入自己的变化，不管这变化是什么，否则很难长久。美妆和搞笑类主播总是占主播比例的很大一部分，也因为其本身的特点，让这类主播很难在内容框架上有太大的变化。无非就是前者介绍化妆技巧，后者通过搞怪和自我调侃博人一笑。但有一个奇才，就模仿并综合了这两种直播内容——"艾克里里"（图4-4）从美妆、搞笑主播之中脱颖而出。

图4-4 奇才"艾克里里"

当所有人都认为"艾克里里"的搞怪化妆只是为了搞笑而胡乱为之的时候，有眼力的粉丝们看出了他的实力：上妆动作熟练，涂粉底非常均匀，画眼线手一点儿不抖，化妆品都是口碑极好的大牌子。画出来的妆看似猎奇搞笑，实则是时装周上的常用妆，大胆又不失时尚性。

"艾克里里"其实并不简单，他的老本行是摄影，同时也是时尚达人。他表示：比起去拍别人，自己更喜欢被拍，因为相机拿了很多年，现在能不拿相机就不拿相机。因此他选择成为屏幕中的主角，将"喜怒哀乐"呈现给粉丝。时尚+搞笑的变化（图4-5）是"艾克里里"的"绝招"，他总是能在介绍潮流穿着和化妆技巧的时候，用一些让人捧腹大笑的方式。这就是他的变化。

图4-5　时尚+搞笑的"艾克里里"

除此之外，"艾克里里"还有一个独一无二的引流法宝，就是他的小助理"洛凡"，只配音，从来不出镜，但粉丝对他的关注度竟然不比"艾克里里"低多少。这样的设定，又走在了其他主播前面。无论是具备专业领域的知识技能，抑或是拥有鲜明的个性特征，都可以成为主播的核心竞争力。

4.1.2 挖掘自己的特别优势 <<<<<<<<<<<<<<<<<<<<<<<<<<<<<

粉丝是复杂和简单的矛盾体。复杂的是他们喜好不同，尽管主播们花招百出，依然不能同时满足所有粉丝的要求；简单是指他们虽然各有所爱，但只要认可某一种风格或一个内容，他们就会成为忠实的粉丝，会随着所认同的主体改变。准确的内容定位才能带来全面的价值（图4-6），全面挖掘自己的优势和价值才能相对广泛地吸引口味复杂的粉丝们。

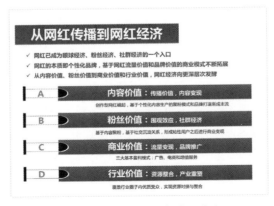

图4-6　内容的价值条件不能少

1. 内容竞争贵精不贵多

如今，直播经济已呈红海，直播相关行业竞争激烈，有无数创业者涌入直播电商的队伍，但成名获利者少之又少，如今能在直播经济领域占有一席之地的"网红"都是百里挑一的好手，他们一定有特殊的优势让人难以模仿。"日食记"（图4-7）就是一个杀出重围的"网红"，在直播文化多是娱乐性的今天，"日食记"却凭借着温暖治愈的形象屹立不倒，成为 "微博超级红人节"评选的十大影响力视频栏目之一。那么这个"日食记"究竟是如何维持热度的？

图4-7 "日食记"Logo

"日食记"算是一个美食系列，在罐头场文化传播有限公司诞生。这个公司的CEO不是人，而是一只名叫"酥饼大人"的漂亮白猫（图4-8），同时兼职做"日食记"的形象大使，拥有自己的微博。酥饼大人平时负责卖萌、"调戏"粉丝、拍摄宣传照以及直播。

图4-8 CEO "酥饼大人"

不过，真正负责做的是他的主人，也是"罐头场"真正的老板姜轩，人称"姜叔"

或"姜老刀"，即"日食记"系列的导演。他对粉丝说："想抓住你的心，先抓住你的胃，抓不住，我放猫萌死你。"他到底是凭什么抓住粉丝的呢？凭的是他的一丝不苟和精致的内容。

作为一个尽职尽责的美食播主，"日食记"的内容可不只是几张看起来色香味俱全的食物照片，简洁舒适的画面和温暖治愈的故事才是王牌。关于食物，"姜老刀"可以细分出各种各样的角度，按季节分、按材料分、按节日分，做成各种各样的视频内容。这些内容不只是美食教程，更是生活态度，对待美食细心的人，一定是个温柔的人，视频中处处可见"姜老刀"的铁汉柔情。有粉丝评论说："好喜欢，只是几乎每次看都会掉泪，小小的伤感。"没错，这就是有温度的"日食记"（图4-9）。

图4-9 有温度的"日食记"

拥有一大批拥趸的"日食记"很容易吸引到广告商的目光，但他却很少会接广告的订单。姜轩解释说："（有赞助商）想赞助家电，但家电款式实在缺乏美感。也有广告商想高价求冠名，要求在视频开始植入大Logo，但这个客户和我们的风格相差太远。"

他们的贵精不贵多，也体现在了资金上。不让"日食记"沦为植入广告的附庸。一方面是因为广告契合度低，会影响内容质量，另一方面则是出于对独立性的担忧。"日食记"中并不是没有广告，据他自述："如星巴克、明治这类品牌都是我们的客户，相比他们投入几百万在电视台做广告，还要分一大笔钱给广告公司，面对我们则更直接，性价比也很高。对我们来说，性价比也很高，双方得益。所以这样的合作非常良性，这些品牌目前都处于长期合作关系。"

"日食记"也有淘宝店（图4-10），店铺风格与视频风格一样，透着浓浓的暖意，主要产品是视频中姜叔使用的厨具和"酥饼大人"的周边。销量还算不错，一般单件商品可以销售掉差不多两三千件。目前只是在微信和淘宝销售，未来不排除其他渠道销售。

图4-10 "姜叔的日食记"淘宝店

2. 不同人群接入点不同

因时制宜不难做到，但也不容易做到，一定要瞄准大的目标对象，然后才能兼顾小的目标群体。直播电商在推销产品时只要把握住大方向，适当地辅以其他种类产品就可以瞄准多个消费者群体。但切记不要顾此失彼，流失掉了主要的目标人群。

直播电商立足于整个网络社会，因此所有网民都是直播的受众群体。除了针对性的目标群体外，难道主播就不关注其他群体吗？当然都要关注。因为不同人群的接入点不同（图4-11），主播如果想达到全民粉丝的境界，不止要把握住目标对象，还要广泛吸收非主要目标群体为粉丝。

图4-11 关注不同人群

就拿拥有淘宝店的主播来说，他们要考虑的方方面面太多了。消费者的年龄（图4-12）是其一，虽说网络购物人群上到老人下到儿童，但直播的粉丝和主要的网络购物人群还是80、90后。如今的直播+网店主播，瞄准的主要目标多是20岁左右、购物需求强烈的年轻人群。

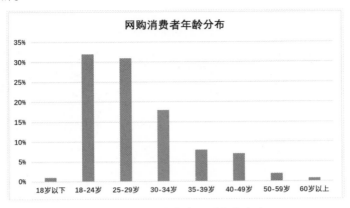

图4-12　网络消费者人群年龄分布

在这一类群体中，又可以细分出诸如服装、数码、零食等产品类别。这里以服装类店铺进行说明，其主播经营的内容绝大部分是：运动款、Office Lady款、优雅少妇款，可以满足的消费人群是16~40岁的女性群体，也是对服装比较感兴趣的一类核心群体。这就属于店主们根据消费者年龄和粉丝倾向选择品类的小技巧。不论是年龄还是性别，都属于不同的人群，他们需要的接入点都不一样。

相对来说，男性服装类的直播就相当罕见了。但就真的没有男性粉丝和消费者吗？其实也有的，并且不在少数，根据淘宝统计，约40%的网购者是男性（图4-13）。服装主播店主的店铺完完全全地针对女性，那男性粉丝怎么办？男性粉丝是很少光顾这些店铺的，但不排除他们为了女朋友、妻子、母亲而进入网店。作为粉丝可能的确是少数，但作为消费者确是潜力股。聪明的主播不会完全放弃这一块可以经营的宝地。为他们设置一个专栏，或许也是不错的选择。

图4-13　网络购物人群性别分布

3. 专业知识一定要精通

如果没有出众的"颜值"，也不会讲搞笑的"段子"，那还能成为主播吗？答案当然是能。如果不能做一个"秀场"或娱乐主播，那就踏踏实实地学一门专业技能，做一个"高大上"的技能主播。至于要学什么技能？那就要紧靠自己的能力和市场需求了。

就拿微博直播来说，就有很多美妆主播，向粉丝们推荐好用的化妆品或进行美妆教学，只要化妆技术入得了眼，多少都会有粉丝流量。比较典型的是来自韩国的Pony（朴惠敏），她是韩国颇有影响力的化妆达人、著名美妆主播、畅销的美妆图书作家，拥有独立品牌Pony Effect（图4-14）。

图4-14　Pony Effect品牌

朴惠敏在中国圈子的知名度源于她对美国歌手泰勒·斯威夫特的仿装。中国的美妆爱好者们对其开通微博甚至进行直播教学都很期待，因为她确实是难得的专业人士。朴惠敏也看准了美妆和微博直播的大好前景，顺势开通了"新浪"微博（图4-15）。她的入驻让很多原本在微博上以"颜值"走红的美妆主播们迎来了一场"灾难"，让不少同行黯然失色。就专业程度和教学的细致来说，她的技巧都是艺术级的，说是韩式美妆的意见领袖也不为过，走红是理所当然的。

图4-15　朴惠敏微博

要知道，朴惠敏在韩国经营的个人美妆博客，就以易上手、超实用、前端及效果惊人等特点，集聚了难以想象的超高人气。现在她已变成韩国极具影响力的美妆"教主"，甚至能在全亚洲范围进行独家美妆技巧的教学和传播，其一贯的简易画法和精彩搭配受到过亿粉丝的欢迎。她更是以在美妆之上表现出的实力和活跃的工作热情荣获了"彩妆师大赏"。

4. 粉丝特性要了如指掌

"星星之火可以燎原"，每位粉丝都是主播的一点星星之火，当他们汇聚时，能够让主播的人气以难以想象的速度"蔓延"，这就是粉丝的传播力。粉丝们的热情支持力、喜好和传播新鲜事物的能力、源源不断的自我创造能力和强大的购买力（图4-16），无一不让主播们感受到一条道理：拥有粉丝就等于拥有了市场。而主播们只要能抓住粉丝特性，了解他们，就能有质的飞跃。

图4-16　粉丝的特点

"回忆专用小马甲"是某著名"萌宠"博主的昵称，其微博内容是关于萨摩耶"妞妞"和折耳猫"端午"的生活记录和各种视频。博主被粉丝戏称为"马建国"，这个"马建国"当然也是微博营销矩阵中的一员，无论是从独立的内容，还是与其他微博号的互动来看，都是掌握粉丝特性的典范，也是各位主播可以借鉴学习的，毕竟直播不只有直播间，还需要其他自媒体平台的扩散。

顺着粉丝们对"妞妞"和"端午"的喜爱，抓住现代网友们"云吸猫""云吸狗"的习性，该微博账号逐渐成了分享"萌宠"日常与"治愈系"内容的微博。截至2019年上半年，"回忆专用小马甲"粉丝量已接近3900万（图4-17）。"妞妞"和"端午"的粉丝更是无处不在，甚至有粉丝看到人遛萨摩耶，就会走上前问："请问你是回忆专用小马甲吗？"

图4-17 "回忆专用小马甲"微博

"回忆专用小马甲"也融入直播潮流，在直播平台"咸蛋家"开启直播首秀（图4-18），仅5分钟就突破50万人观看，半小时达到360万人，最终接近400万观众，突破单平台"网红"直播同时在线记录。面对热情的网友，"马建国"坦言自己"有点紧张"，说话语速都变快了。

图4-18 "回忆专用小马甲"直播

随着直播进行，他和大家聊得越来越嗨。话题自然也是抓住粉丝们的痛点——"萌宠"，和大家分享了如何训练"妞妞"和"端午"定时如厕、生病如何照顾等。本次直播收到了多少虚拟礼物并没有展示出来，不过看着观众不间断地投放礼物，估计数额一定相当可观。

在直播中，他顺势推出自己的新书《愿无岁月可回头》。"马建国"和粉丝诉苦，为了写书投入了很多精力，甚至在写书期间都很少有机会和网友在微博插科打诨，希望大家多多支持。而这本书的内容也与他一贯的风格相符，可谓是将粉丝的需求和特性分析了一个通透。

4.1.3 吸收粉丝的良好建议 <<<<<<<<<<<<<<<<<<<<<<<<<<<<

值得一提的是，不论如何完善自己的行为、规范自己的直播间，都不能代替内容产生的粉丝效应和循环链。只有把自己的内容做得独一无二、可持续进化，才能在越来越激烈的直播红海中占据立足之地，继而长远地发展下去。当然，内容特色的来源有两种，其一是自身的优势发挥，不再赘述。另外一个，就是通过对粉丝反馈的分析和提炼了。

1. 为粉丝去学习

"小凤九"是"陌陌"直播的一名主播，她用优秀的歌喉，吸引了不少粉丝，并且还发行了自己的个人单曲"变好看"（图4-19）。"小凤九"特别爱笑，直播气氛活跃，粉丝都非常喜欢这样的氛围。和其他主播不同，她的作息规律很健康，并且坚持上着声乐课。

图4-19 "小凤九"单曲"变好看"

"小凤九"是学电路设计的工科生，但她感觉自己并不太适合这份工作。跟大家印象中内向寡言的工科女有些出入，难有人会把工科、"技术宅"与"小凤九"联系起来。她起初也是一时兴起，开始在业余时间尝试直播，却意料之外地收获了一大群粉丝。

"小凤九"是一个相当"宠粉"的主播，粉丝提到最近有什么喜欢的歌，她就会去学一学，然后找个时间给大家表演。虽然粉丝对她并不苛求，不管学成什么样他们都很开心，但"小凤九"坚持以完美的状态呈现给自己的粉丝。于是就有了前面说的重回学校上声乐课。

习惯了主播生涯的人，很难想象：每天7点半起床学习练声，从头开始学习了许多新的才艺。要知道在她之前的10多年里，从来没有接受过相关的专业艺术教育。答应了粉丝的事情，就要做到最好。粉丝是她努力的原因之一，作为"秀场"主播，在有了人气后并没有膨胀自傲，而是尊重粉丝，懂得吸取粉丝的意见，并回馈粉丝的鼓励和支持，让自己变得更好。

2. 为粉丝而改变

直播刚刚兴起时出现的第一代主播，由于非"科班"出身，可能都存在一些口音、技能上的不足。例如我们提到过多次的游戏主播"老E"，初中毕业后就开始了军旅生涯，退役后才开始由游戏视频制作人，逐渐转型为主播。表面无所谓的他，相当在意粉丝们的观看体验，不断寻求改变（图4-20）。除了因为想要流畅地玩游戏而学英语，更难得的是改变自己的习惯。

图4-20 不断反思和改变的"老E"

被粉丝调侃过普通话不怎么标准的他，将其默默记在心里并一步一步改善。粉丝群体扩大后，未成年粉丝增多，也有不少人提议不要"爆粗口"，他也会慢慢努力改善。"老E"一向态度严谨，认为玩游戏也应该要认真，经常会因为队友太无所谓而去"责备"他们。这种最难改变的秉性，他也在不停地打磨，"输赢并不重要，重要的是能够在一起玩耍"，已经成为新的粉丝对他的印象。

主播并不需要为了粉丝，做出什么"伟大"的事情，而是像朋友一样，听从建议，不断改变和提高自己。这样与自己一起成长的主播，反而会更受到粉丝们的喜爱。

4.2 塑造，从模式做内容

直播平台和头部主播格局逐渐稳定，很多新主播都使尽了各种招数想在竞争中站稳脚跟，可以播的内容倒是不少，可是究竟播什么，怎么样才能红？都是很值得思考的问题。其实我们不妨从基础的模式分类开始，从模式的选择开始考虑做的内容，从而理清思路。从热度来看，主要的直播形式大致可以归纳为：游戏主播、美妆主播、娱乐主播和严肃直播（包括教育、政务等）。

4.2.1 游戏主播的励志之旅 <<<<<<<<<<<<<<<<<<<<<<<<<<<<<<<

成为"网红"是很多主播的梦想，而如何能够快速地积攒人气呢？游戏是一个很好的载体，很容易为主播和粉丝创造共同话题。但是游戏直播的门槛，就是技术要过硬。这就不是靠化妆、靠嘴皮子能够弥补的东西了。我们看到职业的电子竞技选手当主播，好像风轻云淡的样子就把人气攒起来了。但是却很难看到他们背后所承受的职业病（图4-21），如长久训练留下的腰伤、背伤。

图4-21　电子竞技选手的职业病

这一点，从运动员走上直播道路的傅园慧身上或许更能直观地说明问题。里约奥运会期间，她在拿到奖牌接受记者的采访时说道：能有今日这样的表现，跟以往的艰苦磨炼分不开。因为"洪荒少女"的名头走红，傅园慧也被各平台邀请直播（图4-22）。个性乐观的她，直播的"首秀"却并不那么开心，除了对于粉丝"刷礼物"有些担忧，更多还分享了运动员背后的种种心酸。

或许她们身为运动员，更希望实力得到认可，而不是"表情包"吧。

图4-22　傅园慧的直播

1. 看游戏视频

言归正传，游戏主播想要提高水平，多看教学视频（图4-23）是基础，不要觉得这样的视频枯燥，由这些"电竞前辈"制作的视频，实际上蕴含着很多我们不知道的运用技巧。这些视频是他们在长期的比赛、训练和直播过程中总结出来的，结合了实用性与观赏性的技术要点。

图4-23　游戏视频教学

另外，经常看一些游戏比赛、教学的视频，还能增加对行业的了解，对变化形式的把握。在粉丝面前如果一句一错，或者一问三不知，会极大地降低粉丝的信任度。多看看游戏比赛类的视频（图4-24），也能为直播时间内制造更多的共同话题，讨论那些"游戏大神"的操作，与粉丝互动。甚至也可以直接把录像拿来做解说，成为直播的内容之一。

图4-24　大型游戏比赛视频

当然，不要只看"游戏大神"，多看看其他同行的直播也是大有裨益的。俗话说"三人行，必有我师焉"，很多大主播在开播前，都习惯性地逛一下自己平台的其他"同事"直播的情况。一来是观察一下现在的行业趋势和游戏热点，二来也是找一些灵感和启发（图4-25）。然后也可以总结他们在游戏操作、直播模式中所出现的失误，然后想想如何去规避这些失误。

图4-25　观察同行游戏可以找启发

2. 听游戏解说

此外，还要多看游戏比赛解说（图4-26）。很多主播或许比较擅长玩游戏，但却并不能做到玩的同时与粉丝互动。闷头玩游戏并不是一个好现象，不是每个人都有"纯黑"那样能玩出观赏性的技巧。更何况在等待过程中，也会出现"冷场"的尴尬，应该多学学优秀解说员们是如何表达的。

图4-26 上海英雄联盟2018年度游戏解说

说话是把直播与营销连接在一起的关键点。如果一个游戏主播不会解说，那么即便有再高的人气，也很难获得粉丝的真正认可，更难打成一片。直接的后果就是庞大的粉丝群体无法良好地变现，哪怕只是单纯的礼物变现，都有可能不如一些能说会道的小主播。

学会说话、调侃，把粉丝带入氛围，也是游戏主播的义务和职责。

3. 多进行实践

实践出真知，作为靠技术吃饭的游戏主播，若是只看不练，终归是无法达到效果的。就拿当下火爆的LOL来说（图4-27），都是有"段位"一说的。"段位"越高，说明主播在游戏上花的功夫越多，游戏的胜率也是越高的。一个"青铜"主播，是很难吸引到粉丝目光的。换句话说，就是直观地表现出，主播在这个游戏的相关领域资历还不够，没什么看头。

图4-27 LOL段位

当然，我们前面也说过，有主播为了节目效果故意"掉段位""开小号"去和新手打比赛，这样就显得自己技术尚可。但这种行为目前已经被官方禁止，不仅是LOL，现在所有能直播的联机游戏，几乎都开通了新的"主播模式"，用来保护普通玩家的体验，因此，千万不要投机取巧。

经常"虐菜"还有一个后遗症，就是会降低主播的真实对抗水平。水平低太多的玩家，会让主播产生心态上的懈怠，也会因为长期用不到"高段位"的操作，而让自己的技术下降。更何况，不同游戏水平的人有不同的玩法，常用的战略方式也不同，长期混迹"低段位"实际上也会降低观赏性。

如果主播目前的水平还不够，当然也需要从低到高依次进行训练提高，花一些时间也是难免的。而游戏有输有赢，心态也是主播需要锻炼的要素。如果因为一局游戏的输赢破口大骂、拉黑粉丝，甚至气到直接关直播，都是相当不负责任的行为。其实，主播也是普通玩家，没有什么特殊的，因此直播过程中主播"翻车"并不少见，例如LOL某主播在直播排位时，遇到粉丝"五排"（5个好友一起玩），结果就是主播各种被网友"虐"（图4-28），但他心态好，还能给粉丝点个赞。

图4-28　主播被粉丝"虐"

4.2.2 美妆主播的"自黑"教程 <<<<<<<<<<<<<<<<<<<<<<<<<<<<

网络舆论很强大，而直播更是要实时面对这些舆论弹幕的。为了抵抗舆论，"自黑"逐渐成为主播们的处世态度。尤其是对于处在"网红鄙视链"底端（网络文化中，主播们自我形成的对其他分类主播的鄙视链条）的美妆主播，"自黑"（图4-29）就成了攻守兼备的武器。面对一些冷嘲热讽，以大度和超然的态度来面对，并进行自我解嘲。这是一种睿智的回应，也是一种压力下的自我释放和治疗。主播难免会受到争议，粉丝们自然不喜欢因为争议就玻璃心、吵闹和哭泣的主播，而喜欢在任何情况下，都能放平心态、以微笑对待恶语、内心强大的主播。

图4-29 美妆主播拿"自黑"当武器

说起"自黑"，不得不提一位美妆主播——邢晓瑶（粉丝昵称老邢）。邢晓瑶不仅是一位美妆主播，还是平面模特。但邢晓瑶走红却不是因为"颜值"和身材，而是因为在微博上放了一段"3分钟快速化妆"的视频。在视频开始她以完全的素颜出现，3分钟内双手翻飞开始化妆，短短的3分钟时间就呈现出了几乎完全不同的面孔，让粉丝对其技术惊叹不已。

其中也有不少"黑粉"（关注某个主播就是为了抹黑）留言称她是"日抛脸"，简单来说，就是嘲笑邢晓瑶是靠化妆，本身并不好看。甚至有人开始习惯性地对美妆主播发出诸如：整容、"照骗"等抨击。邢晓瑶不羞不恼，承认自己素颜不算出众，不避讳向网友展示素颜。大方地认为化妆是每个人都有的权利，是一种有必要的社交礼仪与技术，是靠努力提高自己的手段。

除了直播，在微博上她也经常以"自黑"的内容（图4-30）调侃自己。既然得到了粉丝的拥护，也就要承受一部分人的抹黑，这就是公众人物不得不锻炼的一种心态。虽然网络暴力和谣言不可取，但也无法完全被禁止。没有一个大心脏，确实当不好主播。

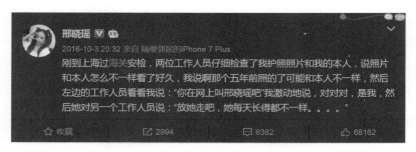

图4-30 邢晓瑶的"自黑"微博

邢晓瑶打广告打得也与众不同，为了给"松下"推广一款美容仪，邢晓瑶、"松下"和淘宝平台联手直播，打造了一场"一言不合就卸妆"的"自黑式"直播。在直播中，邢晓瑶没有任何包袱，坐在镜头前开始卸妆；在粉丝们不明就里的时候，又接着用"松下"美容仪保养。当天，总计有1548.5万观众围观了邢晓瑶"自黑式"推广，营销效果明显，仅当场成交率就超过80%的同类直播。

"自黑"是一种态度，邢晓瑶恰到好处的"自黑"与真实的性情，为她吸引了大批粉丝。美妆主播免不了要以素颜示人，妆前和妆后差距肯定是有的，甚至差距越大，越能体现主播的化妆功底。面对观众对自己素颜的评判，一颗强大的心脏总是不可或缺的，与其被"黑"，不如"自黑"。

4.2.3 娱乐主播的技巧提升 <<<<<<<<<<<<<<<<<<<<<<<<<<<<<

直播的营销意义就在于即时性的信息交互，所以我们在直播的时候，不是一个劲地自说自话。如果不能及时跟在线的观众轻松互动，就失去了直播的意义，尤其是对于主体内容略显单薄的娱乐主播而言，更是如此。很多娱乐主播沉醉于自弹自唱，效果甚至不如一些"无声"的游戏直播。下面就来讲一讲，在进行娱乐直播的时候，应该怎么与观众互动。

1. 选择时机来交流

主播与粉丝比较常规的交流时机，就是进入直播间、关注主播、加入粉丝团、礼物赠送和提问。对于新人主播来说，直播间的人数较少，每个进入直播间的人都是需要给予足够关注的。一句"欢迎XXX来到直播间"，可以让"游客"产生归属感，产生"要不我再看看？"的想法。对于一部分比较活跃的人还可以继续以一定的频率交流下去（图4-31）。当然，不能耽误直播内容。

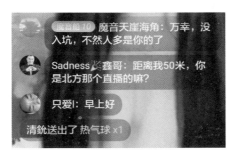

图4-31　互动交流

进一步地，如果有关注、加入粉丝团，这样就完成了"游客"向"粉丝"的转变。这个时候，是会在整个直播间显示文字和特效提示的，对他们表达感谢，一来可以增进信任度和感情；二来也可以给其他处在观望阶段的"游客"们一个信号，是一个让他们做决定的"小套路"。

再下来就是礼物赠送，这属于直接变现的情况。只有在粉丝对主播高度认可，并觉得需要予以支持的时候才会发生。念礼物是尽量不要滞后的，可以在不严重打乱直播节奏的情况下，适当优先将礼物和赠送的粉丝昵称念出来，表示感谢。部分平台也开发了辅助插件，用AI帮忙念礼物（图4-32）。

图4-32　"B站"直播插件

对于观众的提问，倒是不用全部回答，甚至需要进行筛选。因为可能会遇到一些敏感、尖锐和无法回答的问题，这就是主播常常会遇到的"陷阱"，引诱主播在无意间犯错。因此，我们可以针对性地对一部分问题进行回复，就像淘宝等购物平台及微信公众号选择性展示热评一样。

2. 歌曲选择的禁忌

不该碰的别碰，这永远是第一条需要注意的。2018~2019年，已经有太多的娱乐主播在直播的时候触碰了不应该去触碰的段子、歌曲，这样一来，不仅被平台封杀，还要承担相应的法律责任。而除了这些禁忌，需要主播们注意的就是版权问题。翻唱、改编他人的歌曲，需要注意查询版权信息，是否允许免费，或付费进行表演、改编（图4-33）。因为直播是一种可以获取收益的商业行为。

图4-33　音乐的版权问题

部分平台会有自己的付费曲库，为了将娱乐板块支撑起来，平台会选择购买一部分热门歌曲的版权，并授权由自己平台的签约主播进行演唱。而如果不在这个曲库之列的，就需要主播自己去购买，或与平台协商购买。总而言之，如果没有版权，那就是触犯法规的了。

3. 适当地"不务正业"

作为一个娱乐主播，不可能一天到晚在唱歌、表演才艺，偶尔也需要换一换口味。不过直播看电影或者转播其他的频道，可是会违反网络管理条例和平台的规定。对于想要有一些调剂的主播来说，游戏是个不错的选择，例如对最近新出的游戏进行试玩（图4-34），不需要主播玩得有多好，就是找个话题来转换一下气氛，也可以增加一些新鲜感。

图4-34　娱乐主播玩游戏

玩游戏也是个"蹭热点"的好办法，可以带来意想不到的流量。例如，冯提莫等主播，也是常常混迹在LOL直播区的。但是要注意，直播平台有严格规定，直播内容必须要与分区相匹配，娱乐主播想要直播游戏，也需要将分区更换到游戏区。

4.2.4 严肃主播的干货分享 <<<<<<<<<<<<<<<<<<<<<<<<<<<<<<

关心时事的人大都知道"张局座"，甚至很多年轻的粉丝整天都追着"张局座"跑，寻找有没有关于军事科普方面的新鲜干货。一个正儿八经的军事人才为什么被大家戏称为"局座"呢？又是为什么深得网友的喜爱呢？这我们就得先了解"张局座"了。

网友之所以戏称张召忠为"张局座"，起初是因为一些网络水军对其节目内容断章取义地"黑"，这个称呼也是调侃其"忽悠"大众。他的视频被"B站"的"up主"们所二次创作，可谓是红遍了整个年轻的网络群体。退休后的张召忠并没有深究什么，反而觉得"小孩们这样挺好玩"，经过多次在网络媒体倾吐心声，把以前的"黑粉"转"真粉"（图4-35），"局座"也从调侃变成尊称。

图4-35 "张局座"与粉丝们

有人说"张局座"上了直播这艘"船"，是不是也性格大变了呢？60多岁的张召忠能玩转新媒体，走在互联网的前沿，显得有些嘻哈，但核心内容依然是国防教育和军事教育。张召忠本人就说了：现在的年轻人不爱看书，成天刷手机，想把关于军事方面的技术和故事用他们喜欢的、能接受的方式说给他们听，打入孩子们的"内部"，和他们平起平坐。这样的张召忠，怎么能不受粉丝的追捧呢。

对于网友的二次创作，他也是持开放，甚至是支持态度的。在一次直播节目中，他就曾经向粉丝力推在"妖气漫画网"连载网友创作的漫画《舰娘玉碎》（图4-36），并希望与作者本人展开后续合作，在自己的公众号上连载，让军事、历史以一种新的形式展示给年轻人看。

图4-36 《舰娘玉碎》漫画

　　"张局座"的直播和视频节目都有一个明确的核心内容分享——国防科普教育。粉丝们往往能够在他的节目中，看到不一样的东西：专业背景下的深刻分析、和网友打成一片的轻松解读。作为严肃认真主题的直播，"张局座"在整个过程中，通常以年轻网友们热爱的游戏、漫画入手，逐渐引入到真正的知识分析层面，其后又升华到"关注国防、人人有责"的层面。

　　在过去的几年中，"张局座"经常在直播中玩起了新东西，例如新出的手游、VR游戏等，虽然都只是浅尝辄止地体验一下（图4-37），但这无疑是拉近与粉丝距离的好方法。别人喜欢这个主播，能够在直播的内容上找到认同感，才能够更大限度上接受主播所要传达的核心思想。在这一点上，"张局座"的方法无疑是为严肃向的主播提供了一个很不错的思路。

图4-37 "张局座"直播中

4.3 创造，以时代定输赢

直播的发展离不开时代背景，主播在提高自己内容质量的同时，也不能忘了直播内容必须是符合当下时代特征的。借助时代的风口、搭载主流文化，也是提升内容、增加营销力的良方。不过值得注意的一点是，千万不要挑战政策和法规。

4.3.1 借助时事发挥想象力 <<<<<<<<<<<<<<<<<<<<<<<<<<<<<

机会转瞬即逝，对于"狼多肉少"的直播电商更是如此，所以抓住时机非常重要（图4-38）。有时候成功与否，差的就是时机。而各类营销手法中，事件营销是比较容易和时机挂钩的一类，也是越来越受企业关注的一类，因为其营销成本低、热度大。影响广泛的事件人人都想握在手里，事件并不多，电商企业却有成千上万家，要怎么才能脱颖而出呢？答案就是出手要快、准、稳。

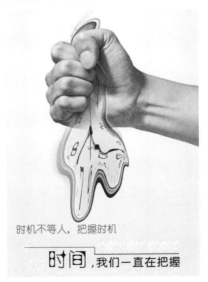

图4-38 抓住时机

1. 速度要快

"快"体现在对新鲜事物的了解、对节日或节目热点的关注和对流行趋势的掌握都要在同行之前。消费者总是对新鲜事物感兴趣，把握住这个特征而进行的营销往往会引起巨大的轰动。抓住社会上的热门事件、热门新闻，通过大众对社会热点的关注，引导读者对营销的关注。

事件热点大到奥运会、世界杯，小到某个节日或节目及社会现象等。想要做好直播营销，营销应紧跟时代潮流，在网络世界里，每隔一段时间就会有一些流行词汇出现，例如2018年的"锦鲤""冲鸭"老歌新唱的词，再到"佛系"这种反应网络整体环境的新词出现，都容易为营销创造机会（图4-39）。因此，也有层出不穷的"佛系主播""锦鲤女孩儿"等出现在直播当中。

歌词 📋

佛系少女（Live）- 冯提莫
词：申名利/朱鸽
曲：朱鸽
编曲：朱鸽
吉他：朱家明
和声：皎月/朱鸽
rap编配：朱鸽/冯提莫
录音：朱鸽/浔浔
混音：殇小谨
母带：Leonard Fong/冯剑平
监制：暗杠
制作人：朱鸽

图4-39 "佛系少女"歌曲信息

这首由团队制作和发布（我们可以再次看到团队的重要性）的"佛系少女"单曲，就是充分考虑了流行词汇和热点事件而专门打造的，实打实地"蹭"了一波热度。有意思的是，这首歌的成功，甚至让其风靡在除了传统直播平台之外的移动视频端，如"抖音"。而冯提莫本人，也成为"佛系"这一热点的代名词。就营销效果上来说，甚至是把热点给"抢"了过来，相当成功。

2. 角度要准

在游戏主播界，"蹭"热点的主播也不少。这里又不得不提到前WE队长"若风"。他在退役后投身直播和娱乐圈，在各种活动上频频露脸，连黄晓明和杨颖的婚礼也能够看到他的身影。但他知道什么是适合自己的热点，而并不是盲目地"蹭"，避免了自己成为直播界"毯星"（网友调侃通过参加一些与自己相关度不高的活动、热点来达到提高出镜率效果的某些"明星"）。

"若风"很少主动在自己的社交平台上发布一些自己"做客"的热点新闻，往往都是自己参与并实打实做了"主角"的才会放上去。一反常态的是，在WE战队的12周年庆现场活动（图4-40），他并未参加却在微博上主动祝福。不过身为前队长的他即便现在"置身事外"，但作为队伍的传奇人物，送上祝福非但不会被人质疑"蹭"热点，反而更显得应该，更能激起回忆和情怀。

图4-40　WE12周年庆

随后"若风"又马上宴请了俱乐部新老成员，作为自己不能到场的"弥补"，也让当年职业时期的粉丝们看到他对WE的感情。而这次聚会，也为他增加了不少粉丝。这其中，包括了"战队粉"（关注团体的粉丝）和"个人粉"（喜欢战队中某位选手的粉丝）。作为游戏主播，想要借助热点事件，多少需要和自己的经历、现在的职业相关，也就是找好合适的角度。

3. 过程要稳

直播其实是一个相当容易引起争议的行业，而作为主播的人一旦和比自己人气高、热度高的人和事发生"碰撞"，就很容易引起粉丝之间的争论，有的甚至会上升到一定高度，导致产生反效果。被誉为"清流主播"的"女流"也曾经在一次采访（图4-41）的大好热点上"受过伤"。

图4-41 "女流"采访"刺客信条"主演

在"刺客信条"电影上映时，"女流"被视频网站Acfun（A站）邀请对主演"法鲨"迈克尔·法斯宾德进行采访。即便是国内知名主播，"女流"在粉丝规模上比之"法鲨"还是难以企及的，更何况还有玩家群体庞大的"刺客信条"作为背景，这对她来说是一个很不错的机会。

但这个热点却不好"蹭"，作为主播中少有的高学历，语言关倒是"女流"不怎么担心的。接下来如何打开话题，她也表现得很自然，很快就让采访的气氛放开了。然而争议也随之出现，对一些弹幕所提到的"梗"，"法鲨"表示很感兴趣，希望"女流"能够解释一二。她并不是专业的记者，因此在规避争议话题上并不敏锐，这也导致了双方粉丝过分解读甚至事后出现了争论（图4-42）。

图4-42 "女流"采访引发争论

原本是一个借助时事扩大营销力的好机会，就因为对一个词语、一句话的解释，就此流失。"女流"在其后也通过自己的社交媒体对事件进行全面解释，但网络世界节奏很快，粉丝们往往会有一个先入为主的概念，而不愿意过多地去思考和深入关注，影响一旦形成就很难逆转。就事论事，主播来自各行各业，带着自己的"职业习惯"，在并非自己主场的时候，就需要更加慎重，尽量做到客观和严谨，在没有把握的情况下不要"带节奏""抖机灵"，要把镜头更多地留给主体。

4.3.2 结合当下主流文化圈 <<<<<<<<<<<<<<<<<<<<<<<<<<<

部分主播为了快速地吸引观众的注意，通常会利用一些比较极端的手段：用一些恶俗（即低劣）的段子来取悦观众；通过一些恶俗的模仿引发笑点。而网络文化的主流是正能量的，恶俗内容不仅容易给自己贴上低俗主播的标签，更是违反了直播的相关法规和规则。

"恶搞"并不等于恶俗，因为其目的和手段是良好的：以娱乐为目，特意制作出的一些搞笑话题或效果等，可以称为"恶搞"。比如"艾克里里"，就是"恶搞"的典型代表，不损害他人利益，不违背道德法规，通过自我调侃达到让观众开怀大笑的效果。这类直播能够给观众的业余时间带来欢乐，只要情节在观众普遍能够接受的范围内，甚至能形成一种独特的风格。

又如，在"抖音"上流行的合拍。先由一部分人拍摄视频的一部分（通常是某个场景的一半），再由另外一部分人来配合完成视频的另外一半。新生代演员邓伦为Leader（统帅）拍摄"1㎡时尚大片"的广告宣传片爆红，"抖友"（"抖音"玩家昵称）开始了自己的创作：15秒的"抖音"视频中，邓伦或拿起玫瑰花递了过来，或举起杯子碰杯等，而"抖友"则扮演"另一半"（图4-43）。

> 视频一经发布，一千网友脑洞大开，各类花样百出的合拍视频纷纷出炉。各路邓伦的铁杆粉丝大显神通，他们在与邓伦合拍视频的互动中"戏精附体"，玩的不亦乐乎——看着邓伦递过来的玫瑰花，迫不及地的点头表示自己想要；左边放上文字，右边是1平米时尚大片的同步场景；更有创意大神将这支1平米时尚大片方向互相颠倒，拼接成了"两个邓伦"互相动的画面……这种场景化的互动方式凭借着其强烈的参与感与趣味性吸引了大批年轻人参与合拍视频，秀出属于自己的1平米时尚空间，也给统帅品牌赢得了更多的粉丝青睐。

图4-43 "与邓伦合拍"挑战

这种无伤大雅的"恶搞"，是让双方受益而粉丝开怀的。与恶俗不同的是，不会对其对象产生不好的影响。当"恶搞"过界就是两败俱伤了，较为典型的就是近几年活跃在网络世界各个角落的"尔康"表情包了（图4-44）。对于网友的"恶搞"，扮演者周杰是持中立态度的，他觉得网友们自己开心就行。但他也表达了自己的容忍底线：你们自己开心就好，不用@我的微博。

图4-44 "尔康"的表情

每个人对于"恶搞"的容忍度不同，在被"恶搞"的对象提出来之后，如果还不进行调整，甚至变本加厉，就属于恶俗了。恶俗是一些虚假、粗陋、毫无智慧、没有才气、空洞而令人厌恶的东西，这种东西只能给人带来一时的娱乐性，而更多的是伤害。

有一段时间，直播"闹婚"很是火爆。很多地方结婚时，有闹伴娘、闹新郎等习俗，本来是大家一起开心的活动，但却有一部分人为了所谓的"节目效果"变本加厉，做出一些出格或危险行为。这种不文明行为很快遭到来自网友和管理部门的双重抵制（图4-45）。

图4-45 整治不文明闹婚

将一些低级趣味的东西搬到台面上来讲，这些东西对于观众来说，不仅是毫无意义的，甚至会带来负面影响。低级趣味的东西也许能够带来一时的娱乐效果，促发粉丝短暂的好奇心；待到粉丝们冷静下来之后，只会对这样的事件感到不屑，然后导致对主播的价值观产生怀疑。现在网络直播的管理更为规范，播出这种低俗的内容也会在第一时间被主播平台管理员、网络管理部门的工作人员屏蔽（图4-46）。

图4-46　直播间被屏蔽

传播健康、积极向上的文化才是直播的长远之计。具有正面影响力的活动和生活方式等，我们都可以用来做直播。比如，"YY"直播的"奔跑吧！主播"活动（图4-47），就是利用主播通过户外游玩的方式，进行的旅游类综艺直播。这类直播在带给观众新鲜感的同时也能令观众从中了解到不同地方的文化风俗，真是一举两得。

图4-47　积极的直播内容

主流文化圈也并非是刻板印象中的老几样，可以创新的余地也是很大的。例如对于传统文化，可以结合现代解读手法；对于晦涩难懂的知识，可以采用轻松简单的表现案例；对于约定俗成的内容，可以利用创意反串的表演形式等。没有主题的内容，是很难产生粉丝黏性的。

4.3.3 必须要符合政策规定 <<<<<<<<<<<<<<<<<<<<<<<<<<<<<

守法（图4-48）是每个公民都要遵守的社会原则，是需要履行的社会义务，是每个行业不言而喻的职业操守。主播作为公众人物更要起到表率作用。主播守法，不但是对粉丝负责，更是对自己负责。不要引火烧身，也不要做那汤里的"老鼠屎"，坏了网络社会这"整锅汤"。

图4-48　守法

网络社会由于法律法规仍需进一步完善，始终有猖狂的死角。为规范网络表演等互联网文化市场经营秩序，文化部发布违法违规互联网文化活动查处名单，"斗鱼""虎牙""YY""战旗""龙珠""六间房""9158"等多家直播平台都曾因涉嫌提供含有宣扬暴力、危害社会公德内容的互联网文化产品，被列入查处名单，接受一次又一次的整改（图4-49）。

图4-49　查处违法网络行为

网络直播是近几年才发展起来的发展方式，从诞生之日起就受到广大网友的青睐，一些开设网络直播平台的企业和直播的个人，也获得了利益。在各行各业都主动与互联网亲密接触的今天，一些头脑聪明的人能够将直播与营销结合，创造内容的同时也兼顾营销，确实做到了双赢。但直播毕竟还是新兴产业，主播们也需要加强自身的职业素养培训，别为非法内容站台。

我国网络市场资源丰富、潜力巨大。为了抢占市场，一些自以为聪明的互联网从业者贪心不足，少数只追求经济利益、缺失良心和社会责任的企业，往往会对主播们抛出丰厚的营销报酬，甚至通过蒙骗的手段让主播们"打擦边球"给自己打广告。而主播们并非是专业的商人和生产者，在变现的诱惑面前很容易产生迷惑，被不法直播平台和商家"绑架"（图4-50）。

图4-50　某些网络直播平台的恶劣行为

（1）直播平台的约束

遵守法律法规应内外兼修。文化部门严厉查处一批违法违规直播平台，并通过建立警示制度和黑名单制度的方式构建长效监管机制，虽说亡羊补牢，但也为时不晚。就直播平台来说，应更加自律、自觉得遵守法律法规，杜绝"打擦边球"获取暴利的侥幸心理。

行业内20余家直播平台及相关企业共同发布行业自律公约，承诺对于播出涉毒、涉暴、涉黄等内容的主播，情节严重的将列入黑名单，审核人员对平台直播内容实施24小时监管。同时，要加强互联网有害信息的源头控制（图4-51）。

图4-51 控制源头，先审后播

由于互联网匿名化所带来的网上信息无序是客观存在的，网上有害信息时常被传播，如果对此不加控制，则势必导致网络虚拟社会不良倾向和情绪的蔓延，并对现实社会造成危害。加强互联网有害信息的源头控制，有助于网上信息生态良性发展，使之成为公众信息交往的有序空间，服务于人们的需求、文化体验和精神生活。

（2）加强自身的素养

这就要求主播和观众（粉丝）们在使用互联网的过程中，必须遵守法律和道德的规范，其网上行为也要接受必要的监督和管理。尤其是作为公众人物和意见领袖（KOL）的主播，一言一行都会被网络的力量所放大，从而对自己的粉丝造成比较深刻和广泛的影响。而当这种影响是负面时，所造成的问题也会被放大。不论从法律法规还是道德层面上来说，主播都必须以身作则。

做符合政策规定的内容，并不是一件很困难的事情，也并不意味着限制了主播的个人发挥。而是在充分了解什么能做、什么不能做的前提下，设定自己直播内容的底线。例如不去贬低别人来抬高自己；穿着得体大方不夸张并不影响真正的粉丝对主播的喜爱；不说"荤段子"、不做"恶俗"的事，也依然有其他逗乐观众的方法。成为真正的意见领袖，需要的往往是有深度的内容。

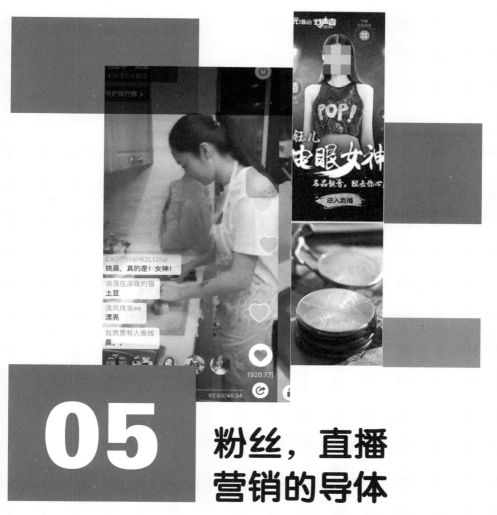

05

粉丝，直播
营销的导体

在这个移动互联网时代，流量是影响业绩的重要因素，吸引流量就是吸引粉丝。如何吸引与转化粉丝，是每个主播都必须做的功课。在直播变现的过程中，粉丝的重要性不言而喻，主播即使有再好的营销想法，没有粉丝为产品和内容买单也是白搭。所以"涨粉"是每个新主播都要面临的一大难题，如果不能获得大量的忠实粉丝，那变现就成了天方夜谭。

5.1 吸粉有招数

所有的营销，目的都只有一个——成交，而成交的基础是双方互相信任。只有粉丝信任主播，才会相信主播推荐的商品，才能真正放下戒备，最后产生购买行为。那么新人主播怎么样才能获得粉丝们的信任呢？首先做到诚信、守时、少玩点"套路"。诚信不仅是职业道德，也是为人之本。其次就是以信任为基础树立品牌形象，最后实现真正的变现。

5.1.1 | 第一步：获取粉丝信任 <<<<<<<<<<<<<<<<<<<<<<<<<<<<<<<<<

粉丝们直冲云霄的热情支持力、令人咋舌的搜索能力、强大的消费购买力（图5-1），无一不让主播们感受到一条真理：拥有粉丝就等于拥有了变现基石。在这个爱"围观"的时代，每一个粉丝都是一笔巨大的财富，他可以连带出多个潜在粉丝，层层传导。

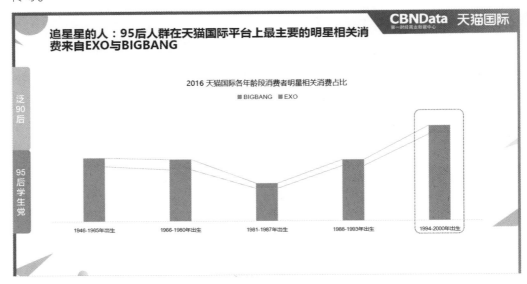

图5-1　强大的粉丝力量

与品牌和消费者的关系一样，主播与粉丝之间的有效交往要建立在互相信任的基础上（图5-2）。言而无信、过河拆桥、落井下石、挑唆争斗的主播是永远不会受欢迎的。我们要清楚一点，粉丝并非是无条件支持主播的，主播也不能毫无底线地利用粉丝的支持，双方互相信任和给予价值是必要条件。如果有一天主播的形象崩塌，绝大部分的粉丝也会离之而去。

图5-2　互相信任

1. 拒绝欺骗

获取信任，从拒绝欺骗开始。某主播入驻"虎牙"首秀时，在直播间进行了抽奖，现金红包共计50万人民币，抽取10位幸运观众，每人获得5万现金奖励。直播间抽奖回馈粉丝本身是一件好事，不光可以增加主播的关注度和流量，更能增加粉丝的黏性。

然而该主播在粉丝抽中5万大奖后，却只肯给1000元，存在明显的欺骗行为。其行为在中奖者曝光聊天记录后引发了激烈讨论（图5-3），主播本人和直播平台的声誉都大大受损，实际上的损失远远不止50万，毕竟人心无价，流失的粉丝和受损的名誉再也不会回来了。

图5-3　某主播的抽奖事件

2. 诚信守时

直播时间也是一个影响粉丝信任的潜在因素。我们开始直播前，一定要给自己定好直播的时间，然后尽量做到定点准时直播。而不是直播"随缘"，让粉丝们苦苦蹲守。聪明的主播，即使偶尔"皮"一下说直播随缘，但也会提前在直播通知群进行公告，不要相信绝对"随缘"的主播能走多远。如果今天上午播，明天下午播，而且毫无预兆，且不说粉丝体验如何，主播自己究竟有没有准确定位都是两说了。如果直播时间完全无迹可寻，再有耐心的粉丝也会有打退堂鼓的一天。

一般来说，如果主播因为有状况，近段时间无法保证一定会开播。可以在自己的直播间挂上直播通知群号（图5-4），在原本约定的时间前给粉丝一个准信。

图5-4　主播通知群号挂起来

5.1.2 | 第二步：树立品牌形象 ‹‹‹‹‹‹‹‹‹‹‹‹‹‹‹‹‹‹‹‹‹‹‹‹‹‹‹

培养粉丝信任的方法有很多种，我们通过一个例子来看一看知名主播是如何建立粉丝信任从而成功的。2018年3月8日，在淘宝大学达人学院，第21期主播班的直播教学演练里，"口红一哥"的主播李佳琦（图5-5）交出了3月8日"女王节"的成绩单：5个半小时，18.93万观看量，23000单，353万的成交量。且带货前三名的产品，都是"稚优泉""蝶芙兰""百颐年"等国货品牌。

图5-5　"口红一哥"李佳琦

同年9月6日，李佳琦第一届"粉丝节"，全程4小时"棚内综艺+真人秀形式"的淘宝直播活动，迎来淘宝高涨的观看人数和参与热度。总观看人数高达365万人次，直播在线互动超过790万次，前5分钟销售额突破100万。同一天，他还发布了个人品牌"2+7"（图5-6），通过现场讲解，描述了品牌诞生和新品演绎，直播现场3分钟内抢购一空，新品首发售罄5000组商品。

图5-6　李佳琦个人品牌Logo

1. 打造专业形象

在李佳琦的直播间，口红刚上架就售罄的情况屡见不鲜，一次购买多色号的粉丝也不在少数。甚至有粉丝把日常用的整套美妆产品，换成了李佳琦的品牌。粉丝为何如此信任他？

（1）专业技能

李佳琦是彩妆师出身，熟知各方面的彩妆知识，很多人会问，一个男生凭什么给我推荐产品。他回答只有两点：一是专业，二是男生看到的女生之美会更客观。

直播中的李佳琦语速很快，针对每一款上新的产品，他一边对着镜头试装，一边介绍产品的功能、设计细节、用在脸上的感觉等，同时，也会提醒粉丝如何搭配。李佳琦非常清晰自己的定位："我的本职工作是让粉丝用最少的钱买到最合心的东西，这是很多年轻人的消费需求。"

（2）粉丝福利

他会给粉丝推荐物美价廉的产品，例如大牌口红的平价替代，或是国货。每年他的目标之一，就是要带火几个国货品牌，像"延禧攻略"里"纯妃"的扮演者王媛可所用的"花西子"（图5-7），就在他直播间频繁出现。他甚至会去产品的原产地、专柜去询问价格让粉丝参考。

图5-7　杭州彩妆品牌"花西子"

　　"我是一个很让厂商们'讨厌'但让粉丝们都喜欢的主播，有粉丝在我这里居然买了整整500多支口红，全是出于对我的信赖。"李佳琦说道，他每天都会和厂商反复沟通，争取活动力度，争取优惠。李佳琦推荐的每款口红，都会先自己用，给粉丝看上唇效果。他会告诉粉丝哪几款色号适合白皮肤，哪几款适合日常妆容，哪几款孕妇也可以涂等，让粉丝一目了然。

2. 形成个人品牌

　　但凡做主播的，都希望能够走红，包括一些只是为了兴趣而做主播的人，也期待着有一天能够小有名气。但事实是大部分的主播依然停留在仅够维持生计的水平线上，这在技术含量不高、内容和运营操作高度重复的情况下，形势只会更加严峻。在个人品牌形成方面，很多主播始终不得其中的要领，就是因为格局问题，因为没有一个良好的品牌意识。这些都限制了主播的职业生涯。如果该主播在整个行业和领域当中，拥有了属于自己的标签和风格定位（图5-8），他的个人品牌就初具规模了。

图5-8　主播风格定位

个人品牌价值，正在成为越来越多主播的共识和追求。对于直播行业的广大参与群体来说，打造个人品牌，获得个人品牌价值的变现，是相当现实、却也不得不面对的挑战。但是，到底什么才是真正的个人品牌，或者说到底什么才是有效的个人品牌？

"逍遥散人"是活跃于"B站"的一位游戏签约实况主播，同时驻扎于"新浪看游戏"频道。主要解说的游戏有"I wanna""以撒的结合"和其他风格各异的游戏。以高难度动作游戏"I wanna"成名的他，因坚持不懈的强大毅力，获粉丝"散人打不死"的赞誉。

在游戏直播中，"逍遥散人"的风格十分独特，解说风格有趣，"吐槽"犀利，为视频增添了许多亮点。也让他逐渐形成了自己独特的品牌和形象，特别是他还融合并参考了游戏角色，为自己创造了一个虚拟形象（图5-9），而这个角色正是他赖以成名的游戏中的经典角色。"逍遥散人"甚至与"索尼"合作，推出自己的定制版PS4主机，还组织了粉丝见面会，成功树立起了自己的品牌。

图5-9 "逍遥散人"虚拟形象

（1）有耐心

绝大部分主播需要按部就班、逐步发展。要想在竞争中让自己的品牌脱颖而出，都必须是有组织、有准备的精心策划和坚决的执行，并脚踏实地、步步为营（图5-10）。在建立个人品牌的过程中，最主要的就是慢慢打磨自己的直播质量和个人特色，这也是个人品牌价值的核心。

图5-10　脚踏实地、步步为营

在当下直播行业里，大部分主播都是重复模仿，低水平复制。有质量、有特色的节目少之又少。要想成为品牌，其实也很简单，只需要朝着一个方向不断地提升自己，然后学会通过有效的协作关系和媒体传播，不断地提升个人的影响力，推销自己的专业形象。

（2）差异化

对于主播来说，品牌的差异化和特殊定位，并不简单地体现在因个人能力、资源特点所构建起来的节目独特性，更重要的是，要构建差异化的人格魅力。这也是多年来互联网催生出一个个具有鲜明特征网络红人的根本原因。

只有主播建立了差异化的人格魅力，才能在传播的过程中，被更多人以标签化的方式记忆，并且能够更好地被人们所接受并产生商业价值。而我们在直播界所熟悉的极具个人品牌价值的当红主播，也都是在人格魅力上各有特征的代表。

进入新媒体时代，人人都在谈个人品牌的建设，各行各业的专业人士都非常渴望能够创建一个属于自己的优质个人品牌，从而实现自己在社会价值和经济地位上的提升。尤其是直播领域，当选择做主播的时候，其实我们潜意识是要做一个网络红人，因为只有红了，才有钱可挣，而要成红人，其实质就是做个人品牌。

但是做一个优秀的个人品牌谈何容易，虽然说互联网极大地促进了越来越多个人品牌的诞生，但是在整个人群当中，拥有优秀个人品牌的人还是少数。貌似直播领域更容易诞生红人品牌，可是这一行的竞争也越来越激烈。除了要做好节目的核心竞争能力，建立更广泛更有价值的人脉关系，获取更充足的社会资源外，主播更需要有自己的人格魅力，并且将自己的产品影响力不断地扩大圈层价值。

作为自媒体时代的"网红"主播，一定要充分利用个人崛起的大好时代下赋予我们的手段和工具，才能成为真正有独立标签、有符号、有号召力的个人品牌"网红"。

5.1.3 第三步：粉丝流量变现 <<<<<<<<<<<<<<<<<<<<<<<<<<<<<

从"人人网"红人，到微信"大V"，再到直播间主播，一批的网络红人诞生了，而"网红"的诞生得益于粉丝的支持。主播的曝光度大大提升，粉丝的支持也为直播经济变现创造了各种各样的条件。进入移动互联网时代后，伴随着各种自媒体的出现，粉丝经济变现模式也随之增多。

1. 电商变现

变现从来都不是一件简单的事情。对于直播电商经济变现来说，仅凭自己的力量根本不可能将粉丝经济大规模变现。想要电商变现，首先需要一个运营商。据统计，在淘宝平台上有一千多家直播电商，他们背后，大部分都有相关运营商团队。"如涵"电商公司（图5-11）便是这众多运营商团队中的一个，而其也是前面我们所说的张大奕的合作伙伴。

图5-11 "如涵"公司Logo

在与张大奕合作的过程中，"如涵"电商公司用自己独特的运营模式，在很短的时间里就打造出了像张大奕这样年收入几个亿的超级直播电商，和几十个规模小一点的直播电商。那么"如涵"公司的运营模式，究竟是什么模式呢？

在运作中，公司制定了一套主播孵化机制。

首先，公司的员工会在各大社交平台上寻找潜在"网红"主播，并根据粉丝大数据，来衡量该主播是否有经济价值。一旦发现某个主播的粉丝群与电商消费者吻合，就会签约该主播。

其次，公司会对主播进行一系列的包装，前期是形象公关，还会专门维护和提升主播的粉丝量。直至形象定位后，才会继续后期的内容策划和广告营销。这时，主播的电商渠道也已经打造成功，接下来就是内容变现了。

在这个过程中，主播负责和粉丝对接，运营商"如涵"公司负责商品的质量和创新，这可不是一件容易做的事情。以服装为例，根据粉丝的需求来制作服装，就会面临买布难和买布贵的问题，也就是说，"如涵"不仅要平衡和主播的关系，还要和面料供应商、服装制作商进行对接和协调。

正是因为这样的运营模式，"如涵"才能在趋于白热化的电商市场得以立足。创始人冯敏在公司用互联网思维进行 IT 化管理，他们可以根据粉丝群体的特点去设置主播的定位和提升方向，增强主播和粉丝之间的黏合度，从而让主播在经济变现道路上一帆风顺。

2. 广告变现

根据调查数据显示，在 2017 年的网络社交平台上，广告收入已达 360 亿美元。2015年的数据也显示，"新浪"微博总盈收中84.2%的盈利额来自广告。

由此可见，各大社交平台经济变现的最佳模式就是广告。事实上，广告变现不只是社交平台经济变现的专属模式，它同样适用于各大互联网平台，尤其是直播平台。

对于这些，相信很多爱看直播的小伙伴大都会了解一些，在很多直播平台上，拥有上百万粉丝的主播都不会乱接广告，也不会每天都接广告。甚至一些超级主播，在直播平台上已经能让他们赚得盆满钵满，所以对于一些广告他们也不会太委屈自己。

当然要做到这种程度，不是粉丝多就可以，还要有自己的品牌知名度，有自己独特的风格能够让广告商认为主播和他们的产品有契合度。主播会接和品牌方合作的广告，如"女流"合作"索尼"、"PDD"合作的"拳头公司"等。而在2018年，著名主播冯提莫甚至与"东南汽车"合作（图5-12），拍摄了汽车广告，并在央视黄金时段播放。

图5-12　冯提莫与"东南汽车"合作广告

冯提莫凭借着几年的积攒与努力，为她的事业迎来了一个新的高峰。不仅多次参加综艺节目，而且还出了新的单曲，现在更是将自己拍的广告带上了央视。可以说，事业多点开花的冯提莫无疑是主播圈的大赢家。

可以看出，冯提莫目前的事业重心，已经由直播在向多方位全面发展转变。在很多老一辈的眼里，直播可能还是不太稳定的职业。但是这一次，作为国内权威媒体，央视给了上镜的机会，无疑是对直播行业的极大肯定。

即使是转移事业重心，冯提莫也没有放弃她的直播。可以说，今天的冯提莫能够如此成功，与她在直播时积攒下的人气以及展现出的良好形象是分不开的。

3. 打赏变现

粉丝经济服务变现有多种渠道，网络主播的主要经济来源，则是直播平台设置的虚拟礼物。

每一个主播的直播室都有一个礼物榜，粉丝们可以清楚地看到主播收到的礼物。去直播平台上可以看到，主播通过唱歌、跳舞、打游戏等方式，就能收到不同的礼物。这些礼物包括花朵、巧克力、香槟、宝马、奔驰和游艇等。当然，这些都是虚拟的，但可以统一兑换成真实货币。

虽然这些礼物是虚拟的（图5-13），但都是粉丝们花钱购买的。这些钱最终会落入直播平台、主播和主播所在公司的手中。主播们的经济变现便由此产生。服务能否经济变现，关键在主播。有独特才能的主播就能从众多的主播中脱颖而出，成为经济变现的主力军。

| 吃瓜 | 疯狂打call | 233 | 666 |

| 天空之翼 | 凉了 | 铃铛 | 御守 |

图5-13　直播中的虚拟礼物

负责开拓主播经济变现市场的某业内人士曾说："外形条件并不是决定性的，新人都要经过严格的挑选和培训，并由专业策划师对其进行包装。艺名和上镜表情也都要与本人所制定的风格相似，只有这样，才能让喜欢某种风格的粉丝为之着迷。"

量身订制包括取名、化妆、上镜表情等多个方面，身材娇小的姑娘就包装成甜美风格，身材高挑的姑娘就包装成欧美风。主播想要让粉丝心甘情愿地给自己送礼物打赏，还是需要培养自己的各项才能：要学会近百首歌曲并了解时事，以求在直播时和粉丝有话题可聊；还要懂得说段子，活跃直播间的气氛，并带动其他粉丝进行消费。

5.2 激发，盘活你的粉丝

有了粉丝就一定有经济吗？错。盘活粉丝才有经济，这就需要企业结合移动、互联、新的商业模式等继续深耕，建立商业生态圈，创造商业价值。

5.2.1 因地制宜，不同平台的粉丝分类 <<<<<<<<<<<<<<<<<<<<<<<

在网络世界里，"地"指大大小小的社交平台、网站和App。针对不同的群体，这些平台的性质也不甚相同，严肃、轻松、搞笑、文艺、泛娱乐化等各式各样的App一点儿不愁卖。主播的努力方向——"明星"，就是因地制宜的典范。如今大大小小的"明星"，没三四个社交平台的账号就像不红一样，个人微博、工作室微博、微信公众号、直播平台等五花八门的社交账号中都活跃着"明星"们的身影。如何因地制宜利用好社交平台，得跟他们学习。

第一届"微博之夜"的"微博Queen"得主姚晨，是微博粉丝数第一位超过百万的女明星，至今粉丝数量仍在TOP10。已成为辣妈的她不仅仍在微博上风生水起，还以工作室的名义注册了微信公众号，不输新生代们玩起了直播。作为联合国难民署中国亲善大使，姚晨经常推广慈善项目，为了宣传免费午餐基金的公益项目"爱心一碗饭"，姚晨通过微博和"一直播"App在家中直播做红烧肉（图5-14），直播由姚晨的老公掌镜，儿子"土豆"时不时入镜，姚晨本人没有打扮得像出席活动时那么光彩照人，而是素颜高马尾、T恤休闲裤，亲和又接地气，并且时不时与观众交流。据统计，本次直播共有469万人观看，获得了1920多万点赞，创下所使用的直播软件上市以来的点赞数纪录。

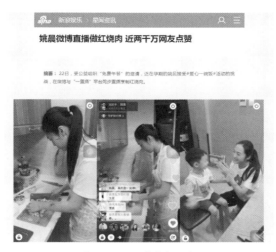

图5-14 姚晨直播做饭

因地制宜就是要根据不同社交平台的口味发布不同的内容，每个社交平台的气质不同，推广的内容也要有针对性。比如说，微博娱乐性强，内容轻松愉快为好；微信计划性强，发布的内容应条理清晰、挖掘深度；还有一些平台中图片的作用大过文字，图片的选择才是重中之重；直播中动态的即兴行为多，因此要展现真实的生活和性格，扔掉偶像包袱。

5.2.2 | 因时制宜，直播内容依时段划分 <<<<<<<<<<<<<<<<<<<<<<<<<<<

时间段的选择对直播而言非常重要，据数据统计，粉丝观看习惯有着明显的活跃期和低迷期之分，上午10时至凌晨1时均是较为活跃的时间段。晚21点是进入高峰的关键时间点，多个平台从21时起就开始进入或达到当天平均在线观看人数的最高峰。而早6~7时是一天中粉丝活跃度最低的时间点。午后14~15时会迎来一个活跃小高峰。

高峰进入直播，在线粉丝数和互动活跃度都会更高。当然也有一个不利的地方，那就是平台的热门推荐位置变得十分稀缺。这就看主播们怎么选了。

以淘宝直播为例，可以将直播时间分为上午场、下午场、晚上场、深夜场这几个时段，根据自身的情况选择直播时间和直播内容。

新手和反应慢的主播和商家，以及产品单一的主播和商家可以选择按夜里—上午—下午—晚上的顺序轮流直播。货源充足和店铺运营超优的主播和商家则可以按上午—下午—晚上的顺序轮流直播。但轮播耗费精力物力，大部分商家和主播都会选择这其中的某一个时间段直播。

晚上场时段适合有专业的电商团队或直播团队，高颜值的形象，以及具备非常硬实供应链的主播。深夜场时段适合产品单一、内容单一、反应迟钝、不想花太大精力、特别想快速看到效果的新手直播。不管选择哪一时段，前提是产品、直播内容、直播玩法要给力。

无论是新主播、头部主播（经济收益高）还是腰部主播（礼物刷量高），一定要避免单天多场直播（30万粉丝以上、日常单场流量过20万除外）。粉丝基数没有百万，也要尽量避免多场直播分开。同时，每个时段根据自己店铺运营类目、直播栏目，做好规划，建议最低3天、1周、1月、3月作为调整基数。

时段好的流量口在晚上场（18点~凌晨1点），头部主播和腰部主播成熟的商家直播都在直播，不建议直播不超过3个月的主播和商家去这个场次直播，没有完善的直播规划和产品超级优势，直接进行晚上场直播，相当于浪费每次平台给主播的直播机会，原本可以在其他时段打基础优势，却被白白浪费了，这就是很多人播不好、没流量、粉丝无法沉淀的原因。

深夜场沉淀粉丝和流量，上午和下午最容易存在合理地转化，晚上场做好一切准备再考虑，还有根据类目和自己内容选择合适时段，不见得人多的时候就是转化好的时候，初期做直播的核心环节在于转化，不在于流量，更不要蛮干。

每一个新事物的诞生、成长和尝试都要从基础做起，一步到位的事情很少，在这里只能建议，至于结果如何，看主播和商家自己的实际操作。每位新手主播和商家都有自己的时段定位和优势，请认真对待，学会错开高峰期，稳步沉淀自己的粉丝基础和激活自己的内容优势。

在一场直播时间中，根据时间段不同，也有着不同的"套路"。

1. 主播在开播前 10 分钟，主要功课在于互动

和新进用户表示欢迎，与老粉丝打招呼问好。对新关注的粉丝们表示感谢。新主播在刚开播的一段时间中，要尽可能多向新进用户介绍自己。

2. 开播 15~40 分钟，主要展示个人才艺

当直播间的粉丝开始不断刷礼物时，为了表示感谢，唱歌或者跳舞都可以。作为刚入行的新主播，如果没有人给主播刷礼物，也千万不要气馁，一定要坚持展示自己的才艺。直播的前期就是重在坚持，累积人气。

反之，来到直播间的游客或粉丝一见主播垂头丧气，没有活力必然就会直接换房。少有人会理睬，更不要说去为主播刷礼物，这个时候，哭也是没有用的。所以要保持好

的状态，去迎接有可能会喜爱我们的每一个人。

3. 直播 40~60 分钟，主要是聊天互动

恰到好处的互动和交流能拉近主播与粉丝之间的距离，也是主播和游客加深了解的方法。主播平时需要多累积一些有趣的段子、热点话题来套用在互动中，引起游客的聊天兴趣，不仅能快速带动直播间氛围，也能丰富直播内容。如果条件允许，能找大主播连麦，提高自己的人气，也是相当不错的互动方式。

4. 直播 60~80 分钟，可以加入游戏时间

利用这段时间玩一些有趣的互动小游戏，例如：大转盘、词语接龙等，可以活跃气氛，激发观众热情，丰富直播内容。

5. 直播 80~100 分钟，继续回归到表现才艺

经过刚刚的视频PK时间，大家的热情都达到了一定的高度，一般也会增加很多新关注的粉丝。如果是以才艺展示为主的主播便可主动询问他们想听什么歌曲，在呼声较高的歌曲中挑选，作为粉丝福利送给大家，给他们秀一段才艺。

6. 下播前 20 分钟，以互动聊天的方式结尾

对今天观看直播的粉丝们表示感谢，感谢大家的礼物，感谢大家的关注，感谢大家的支持。这个时间大多数主播也都播累了，没什么精力去与粉丝们互动。但如果没有正确合理地利用这最后20分钟与粉丝互动，很可能会造成掉粉的后果。

试想一下，主播和粉丝原本正聊得开心，因为时间到了，主播突然退出直播，是不是很没礼貌，给人一种高傲的距离感。之前付出的"讨好"也都成了幻影，一场直播下来，能陪到最后的粉丝几乎都是主播的真爱粉，主播和粉丝之间的聊天话题更可以轻松随意。

下播前3分钟，一定要做的事情：提前在预告页面发布下一场直播的时间和内容，不仅可以留住铁杆粉丝，还可以吸引大量游客在下次直播时进入直播间。

5.2.3 知己知彼，根据粉丝倾向作调整 <<<<<<<<<<<<<<<<<<<<<<<

可以说，直播间的存在需要粉丝及粉丝活跃度来维持，粉丝是直播的基石。前面已经提到过粉丝经济的重要性，就不再赘述。随着粉丝消费习惯的建立，粉丝的真实需求能否得到满足将决定其是否能继续参与到直播间的互动中来。

1. 杜绝本末倒置

粉丝的需求除了学习、放松之外，占大头的就是购物需求了。一般来说，以某种兴趣爱好而集结的粉丝群，是推广营销某种商品或服务的宝地。因为除商品或服务本身外，还有其他的增值服务。但太过强调商品或服务的增值魅力，而忽视了自身载重，只会让人有故弄玄虚、自卖自夸之感。

曾经的"新东方"教师罗永浩是一个很有魅力的人物，"我不是为了输赢，我就是认真"等经典语录为他赢得了大量的粉丝，而当他推出"锤子"品牌手机时，过高的售价引发广泛地争议，尽管3000的定价是"情怀溢价"，但对于大多数买手机而不仅是买情怀的人来说，如此售价实在超出了预算。随后，罗永浩推出的"坚果"品牌手机（图5-15），在当时以较好的配置和较低的价格，成功将那些追求性价比与情怀的用户吸引过来了。

图5-15 "坚果"手机

2. 提高服务质量

粉丝对服务的需求主要表现在贴心、细心、专业、放心和及时等方面。专业是基础，其他则是对用户的尊重和重视。在一个直播间里，虽有等级之分，但每个用户都要求自身的存在得到尊重，希望自身的困难在直播社群中得到理解和帮助。

如果粉丝发现诉求在直播间中能够得到贴心而细致的反馈和温暖的理解，其对主播的黏性将会直线上升，甚至会成为铁杆粉丝，直播社群自然会保持旺盛的生命力。

"小米"的官方直播一直是直播营销方面的经典案例。其特点之一即全民皆服务（图5-16），即从老总到普通员工都会参与直播，及时解决用户的疑惑或困难，让服务做到既贴心、及时又放心。

图5-16 "小米"全民服务

5.2.4 | 频繁互动，遵守"直播的礼仪" ＜＜＜＜＜＜＜＜＜＜＜＜＜＜＜＜＜＜

直播间那么多粉丝，分类有必要吗？答案是肯定的。区别对待可以转化的粉丝，实现粉丝的"区别待遇"，对每个粉丝的情况了然于胸，既不因为新鲜感亲昵新粉丝、冷落老粉丝，也不要因为和老粉丝熟络而忽视新粉丝的存在。粉丝运营也是一门学问，有针对性地进行服务，才会事半功倍。

1. 初来乍到小萌新

对初次进入直播间的粉丝，不管他是误打误撞还是慕名而来，有缘千里来相会，主播要怎么做才能留住他呢？首先要从含蓄的关爱，记住他们的名字开始。这会让他们感受到温暖，成为一个美好的开始。一个善意的打招呼，一句暖心的话，或者一种不言自明的默契，都能达到这样的效果。

比如在直播的时候，亲切地和刚进入直播间的观众打招呼，叫出他们的名字，甚至可以起一个可爱的小外号，瞬间拉近主播与粉丝之间的距离。也许他还不一定知道直播内容，却已经在心里给主播打了一个超高的第一印象分。初次进直播间就被主播叫到名字，会让粉丝有受重视的感觉。如果粉丝太多叫不过来，可以有规律地间隔性点一下名，这样一来，积极的粉丝被叫到的概率也大一点。

2. 默默关注路人粉

总有那么一批人，可能他不好意思跟你说话，或许礼物也不知道怎么送，但就是一直默默在关注着主播，这可是潜力粉丝，千万不要忽略。要制造话题和他们拉近关系，让他们记住主播。

其实，主播让观众有期待，让他们有温暖、有惊喜，不一定需要制作更多的劲爆话题，只要贴近他们的生活和网络热点。这个世界上并没有十全十美的主播，赞美会有的，吐槽也会有的，重要的是让主播的观众和主播互动，大大方方地制造话题让他们议论，把自己打造成一个热门话题，也不失为打开他们心房的另一种方式。

比如，可以说自己跳舞不好看、游戏玩得不是很厉害之类的话题，虽然是自黑，低姿态的弱者心态会激起看客的保护欲，他们会边吐槽你游戏玩这么烂还来直播，同时又会教你提高的方法，而到了你游戏玩得很好的时候，他们还会充满自豪感。

重点是制造话题，让"潜水"的那一波人了解到这个主播是有"灵魂"的，是离自己不远的，自然忍不住会经常来关注一下了。

3. 三分熟观众

粉丝还没有把主播设为特别关注，看到有直播也不一定点进去，也许会给主播刷点免费礼物，但又仅限于此。难道不想和他有再进一步的发展？适当地引导粉丝，让他产生更多期待。仔细想想，他已经看了好几次直播，却还是没能记得住我们，为什么？也许是做得还不够好，试着问自己，我的话题是否精心准备呢？是技能已经过时？还是内容不够有趣？

从自身找问题，挖掘一个更好的自己，打造更具诱惑力的主播，让粉丝始于颜值，陷于才华，忠于人品。如果以上都具备了，可以再多一点热情、多一点诱惑力，优质的内容加上充满诱惑的人格魅力，粉丝如若能从主播这里获得情感价值，就不会轻易离开了。

4. 超级铁杆粉

一个铁杆粉丝足以对抗100个"黑粉"，这是一股绝不容错失的力量。对于这些铁杆粉，需要谨记一点，切勿一味迎合新观众，丢弃老粉丝。卖萌卖人设，像朋友一样维护老粉丝，让死忠粉对主播不离不弃，长久陪伴。

一般来说，和身边亲近的朋友是怎么相处，就怎么和这些铁杆粉丝相处。"撒得了娇，卖得了萌，上能十八般武艺，下能跟粉丝嗑瓜子唠嗑"，才是能够引领直播间小直播社群的主播，也是会跟粉丝吐槽和说真心话的老朋友，粉丝自然会给主播回馈。

相处的法宝就是用心，越到后面越没有什么套路。相处那么久了，让粉丝感受到真心实意，才是一个聪明主播的做法。粉丝不是傻子，相处到熟悉之后，颜值、才华已经不是最重要的纽带了，情感的连接才是最长久的陪伴。

直播与生活不是割裂的，主播也能成为粉丝生活中的好朋友，怎么把粉丝从直播间引到线下，除了长期的陪伴，也需要主播洞悉粉丝的心理，这是一门学问，需要靠不断的实践积累才能达到。观众看直播就是来满足心理需求，唱歌也好、跳舞也罢，即使只是唠嗑，观众也需要参与感，重视观众的感受，所有的用心，粉丝都能体会到。

5.2.5 线下聚会，刺激粉丝之间的团结 <<<<<<<<<<<<<<<<<<<<<<

在直播社群爆发的今天，几乎所有的主播都会有自己的粉丝群。主播会在群里发布直播时间、管理粉丝活动、甚至与粉丝直接交流。线上活动的举办，可以激活粉丝的活跃度，粉丝可以毫无顾忌地谈天说地。接下来，就需要进化至更高的一个层次——让粉丝更加彼此熟知，成为现实中的朋友，甚至亲人。

所以，为了打通虚拟与现实之间的隔阂，让直播社群粉丝之间交流更加深层次，形成全新的直播社群文化，这时候，线下聚会就显得必不可少。主播的粉丝都是因为喜欢主播才加入直播社群的，线下聚会能让粉丝和他们的偶像近距离接触，并提高粉丝间的凝聚力。

尤其当线下聚会更侧重于分享、交流之时，直播社群的凝聚力将更加提升。纵观近年来优秀的直播社群运营品牌，无一例外都会关注线下活动，如"罗辑思维"的读书会、相亲会，"小米"的同城会、观影会等，这些线下聚会让直播社群之间建立了更加紧密的沟通桥梁。成功的直播社群线下聚会，所有焦点都是直播社群粉丝，主播反而是配角。尽可能让每个直播社群粉丝都有展示自我的机会，这样的线下聚会才是成功的。

1. 让粉丝成为策划主体

任何一个线下聚会都有一个主体，如图书分享、相亲交流、观影会等。对于聚会的流程、模式，尽可能由直播社群意见领袖或活跃分子发起，应当鼓励粉丝们群策群力：在哪里聚会？几点聚会？将主导权交给直播社群，这样每个粉丝都愿意贡献自己的智慧与能力，活动的效果才会更加明显。

作为主办方，又该如何参与这场聚会呢？毫无疑问，是引导。例如，协助意见领袖和活跃分子投票，统计有多少人愿意参加；提供必需的现场物资，如条幅、海报、礼品等；在各大平台进行预告，吸引不同直播社群的粉丝一起加入；协助邀请相关专家达人，在现场为大家分享经验。

让线下聚会的整体氛围少一份商业，多一份人情，品牌成为聚会不可或缺的场景组成，参与的粉丝反而会更加投入，更加信赖直播社群，信赖品牌。

2. 开通聚会直播，线下点燃线上

举办线下活动的目的，一方面是让线上直播社群成员之间的感情在现实中尽情展现与升华；另一方面，则是体现主播的人气和粉丝的活跃度。所以，当直播社群筹划线下聚会之时，不妨全程直播，给线上的粉丝们带来全新话题的同时，吸引藏在粉丝中的摄影、摄像方面的大神，即便他不是直播社群领袖或活跃分子，但同样能够赢得所有人的掌声。

　　同时，应当鼓励粉丝第一时间将视频、照片进行上传，官方平台实时转发，让活动的影响力不仅局限于线下。一旦普通用户或其他粉丝看到，必然会产生这样的联想："看起来很棒，我也很想参与！"或"为什么我们不能举办呢？"粉丝们在线下分享快乐，感染到更多的粉丝，此时直播社群的活跃度、全新裂变可想而知。

　　粉丝群是一群志同道合的人的聚集与连接，线下活动是保持生命力和活跃度重要的保障。人与人之间的连接，只有在高频互动中才能强化成员彼此的链接，增加成员的归属感。《大连接》的作者尼古拉斯.克里斯塔基斯认为，参与（即重复的合作性互动）能够建立信任并增加关系的价值。互动分为线上和线下，线上聊一百次不如线下见一面，通过移动互联网的连接很容易找到价值观相近的伙伴，但若没有见面机会，彼此很难产生信赖。总之，需要通过一系列的活动对内聚拢粉丝，强化粉丝关系。

　　在信息泛滥的今天，如果一周看不到企业的消息，很容易就被人们遗忘。为什么那么多EMBA同学喜欢参加玄奘之路（图5-17），一方面是活动本身带给人们刻骨铭心的体验和人生感悟，最重要就是人们在一起徒步穿越戈壁途中凝结而成的一生情谊。

图5-17 "玄奘之路"活动

　　直播社群的发展壮大离不开裂变，裂变的前提是直播社群已经形成成形的亚文化（集体文化）体系和运营机制。直播社群裂变并不是由直播社群领袖主导，而是依靠直播社群内的核心成员主动发起。今年很多图谋长远发展的直播社群，都不约而同地布局线下，为线下成员提供聚会、活动的固定场所。

　　直播社群场景化极大地增强了直播社群成员的仪式感和体验感。直播社群需要通过仪式来宣告的存在，弘扬直播社群的价值主张。通过举行仪式可以强化直播社群成员的共同价值观，从而增强成员间的凝聚力。仪式感塑造的统一化和符号化，无论是语录体系还是外在的衣着、行为，成员统一整齐的行动带给心灵的震撼是产品无法比拟的。

　　闻名天下的禅宗祖庭柏林禅寺，30年前万佛楼开光时，净慧老和尚提出"大众认同、大众参与、大众成就、大众分享"的生活禅。这个理念用来指导直播社群运营再恰当不过，后来这句话被海航董事局主席陈峰一字未改直接收录在海航文化手册里，成为海航人的共同追求。

5.3 阶段，争取步步为营

直播社群，在营销人的心目中是一个用户"蓄水池"，不管是做什么产品，都要拉个直播社群，似乎有了直播社群，用户就会留下来。

5.3.1 网络直播社群生存三原则 <<<<<<<<<<<<<<<<<<<<<<<<

粉丝群体属于直播社群的一种，也需要遵循网络直播社群生存原则，也就是说，粉丝营销在一定程度上也等于是直播社群营销（图5-18）。那么如何建立一个基于信任感的良好直播社群呢？好的直播社群要遵循三近一反原则来构建。

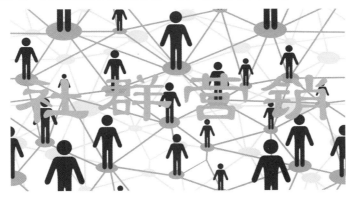

图5-18 社群营销

三近的意思是相近地域、相近年龄和相近兴趣，满足了这个三近原则，那么下面的几个直播社群中的现象也就自然而然地存在了。

（1）人们之间相互认识

一个成员在社交群中的好友越多，说明这个人在这个直播社群中的地位越重要，质量也越高。一个直播社群里，他好友数越多，他就会在这个直播社群里留存，黏性更强，活跃度时间也越长。

（2）人们互相信赖

成员是否信任他人，是直播社群高转化率的基础，如果群内成员互相信赖，并且互相抬举，那么高转化率显而易见，这个信任是来自长期的积累，是群内KOL（意见领袖）带动的，只有主动分享，怀有利他精神的人，才能获得高信任度。

（3）成员之间频繁互动

要让成员之间频繁互动，就衍生出一个职业，即直播社群运营官这个概念。运营方式分为强运营和弱运营，总归会回到一个问题：如何才能让直播社群的成员长期在群里活跃并产生高黏性，形成上面两点，引入产品进行转化，这是一个系统化的工程。

后面还有个重要的原则要注意，就是说要有"一反"，这也是直播社群中必不可少的因素，就好比相亲群必须要有男女的存在，比例要协调，否则光男的，这群也没啥意思。实质上这个"一反"的通俗说法就是保持直播社群的成员构成有互补性，即要能够互相帮助，也能有效对接资源，群成员如果经常能找到需要的东西和合作的人，那么这个直播社群的黏性也会大大增加。这也是直播社群商业化的核心要素。

直播社群的运营一定要关注满意度，而不是关注活跃度，例如没质量的"刷屏""灌水"等扯闲篇。大多数人满意群其实往往基于一个点就够了，那么这个点要足够突出，足够有特点。比如"触电会"，所打旗号是中国微商"大咖"直播社群，因为给别人感觉搞微商效益好的大佬都在这里。这就是直播社群的标签化，这种标签其实就是一种品牌价值，也是一种产品，因为进入"触电会"可以链接"大咖"，这是个标签。

换句话说，这就是触电会的一个产品，这个产品包括各种权益、各种活动福利，打包成一个直播社群的价值包，这就是一个好产品。在这个单位期间内，群成员能为了这个价值包买单，在这个群里多多利用群，做多维链接，做好服务，就有二次购买的可能性，所以触电会会员的续费率很不错。

一个中心，多个链接点，就是说我们不能做太阳系，不能所有的一切都围绕群主转，那不是直播社群，因为不可能做到所有人都满意群主，所以如果有人不在乎群主，但是其他的人他喜欢，他可能也会愿意停留在这个群里。

5.3.2 让核心粉丝变管理员 〈〈〈〈〈〈〈〈〈〈〈〈〈〈〈〈〈〈〈〈〈〈〈〈〈

无论吸纳了多少粉丝，马上要着手做的最重要的工作就是维系与粉丝之间的关系，进行互动交流。但是并不代表着所有的粉丝都应该获得同样的待遇和服务，因为每一个粉丝对于品牌的贡献是有差异的，如果没有待遇的区分，就没有粉丝的区别，也就会削弱粉丝对主播的贡献。

所以出现了一个非常重要的角色：核心粉丝。核心粉丝是主播第一档的粉丝：铁粉，只要是主播存在的直播都必看无疑。到底核心粉丝扮演的是什么角色？他们的作用有哪些？哪些人才能称为核心粉丝？如何维系和发挥核心粉丝的作用呢？下面一起来分析一下。

1. 核心粉丝的作用

核心粉丝可主动承担管理员的职责，在粉丝群、直播群中挑选这些老粉丝帮助管理直播间，担任管理员。

★ 忠实的追随者：毋庸置疑，一直追随品牌、维护品牌的粉丝才能称得上是忠实的追随者，而品牌应该基于粉丝的忠诚度而给予他们更高的回馈，这样将会给他们带来更强的荣誉感、更好的体验度以及更高的忠诚度。

★ 信息的传播者：作为忠粉，他们会义不容辞地为品牌的正面信息进行传播，也有可能会担当起为品牌正名的责任，这往往比品牌专属媒体公关部的作用还有效。

★ 需求的发起者：核心粉丝会代表相当一部分的粉丝向品牌提出价值诉求，而这些价值诉求，正是品牌应该去捕捉到的消费者需求，基于此来推出产品和服务。

★ 问题的反馈者：核心粉丝会基于品牌在市场上的反应，向品牌提出问题，而这些问题是品牌需要去正视和解决的。

★ 体验的促进者：核心粉丝可以代表大部分的粉丝优先体验品牌准备做出的商业行为，并给予改进的意见。

2. 哪些人是核心粉丝

★ 有一定的前瞻性：不是什么人都能够成为核心粉丝的。尤其是对于一些产品迭代非常快速的品牌来说，具有一定前瞻性的粉丝所带来的价值是十分高的。

★ 有敏锐的洞察力：能够进入核心粉丝圈的人对于产品趋势要有极强的识别能力，这样对于产品的创新会带来很好的帮助。

★ 有宽泛的人际圈：核心粉丝不应该是不爱人际交往的，这类粉丝对于品牌来说价值并不高，因为不愿意分享，对于传播所起到的作用有限，这正是发展核心粉丝需要着重关注的。

★ 有很强的荣誉感：他不会因为自己不是内部人士而感到事不关己。相反，核心粉丝对品牌的喜爱程度有时候往往超出品牌对其的设想。一旦品牌对核心粉丝赋予了极高的荣誉，将能够很好地促进核心粉丝为品牌提供源源不断的信息。

3. 要做什么才能维系和发挥核心粉丝的作用

★ 新品体验：新产品上市前，邀请核心粉丝提前体验，并请他们给予意见，粉丝们是相当愿意担当这个光荣的工作的，而且信息的传播往往就是在这个阶段出现的。

★ 线上互动：通过线上各式各样的互动活动调动核心粉丝的积极性，增加其黏性、活跃度，以及对品牌的依赖及归属感。

★ 线下互动：相恋不如见面。线下也应该有系列的活动增加与粉丝之间的情感联系，毕竟真实面对会更有感觉。

★ 建立圈子：建立核心粉丝圈子，让粉丝成为朋友，最好就是采用建立区域论坛的形式，将不同地区的粉丝按照地缘关系联结起来，并授权一些核心粉丝中的积极分子进行管理。

5.3.3 培养资深粉丝做渠道 <<<<<<<<<<<<<<<<<<<<<<<<<<<<<<<

资深粉丝，对主播的认可度比较高，本身就有向他人分享、推荐的欲望，如果再给予适当的利益，就会极大地鼓励资深粉丝，促使该类用户向渠道推广者转变。

将资深粉丝当作渠道推广者，有两件注意事项。

一是如果某资深粉丝成为渠道推广者，那么该用户与直播社群的关系，除了情感上的黏性外，还有利益上的共享和分配关系。直播社群管理者需要正确处理好该类比较复杂的关系，以防可能因为利益分配（图5-19）不均，而出现情感破裂。实际上，这种情况在直播社群中屡见不鲜，很多社群内部的解体，都是因此而发生的。因此，凡是与利益有关的都属于双刃剑，要谨慎处理，尽量兼顾利益群体，这也是考验群主管理智慧的最佳时机。

图5-19　利益分配

二是将资深粉丝作为渠道推广者，是对外来讲的。直播社群作为因兴趣爱好而聚集在一起的群体，其实是比较忌讳直接营销植入的。在直播社群内部，用户之间，虽然有利益关系，但一般不是利益对立，而是利益共享（图5-20）。比如，成员们几人一组共同接一个任务，酬劳平分。将资深粉丝集体对外担任渠道推广者，也相当于用户集体获利。

图5-20　利益共享

　　如果在直播社群内部出现了利益对立，比如某粉丝向其他粉丝推销，会受到全体成员的攻击。既然资深粉丝推广的是本直播社群产品，如果方法得当，还是能够在直播社群内部受到认可的。比如，一些课程类产品的直播社群，作为营销人员的资深粉丝，可以在分享与课程有关的知识、学习心得的同时，插入相关课程的二维码（图5-21）、报名方式等。

图5-21　二维码营销

　　分享与产品销售，一般是作为渠道推广者的资深粉丝的主要工作内容。分享，是指资深粉丝将自己使用该直播社群产品的心得和体会传播给其他人，使人们也对该产品产生兴趣。分享结果一般有两种：加入直播社群成为新成员和直接进入产品交易阶段，即进入销售程序。

　　其中成为新成员，也有助于进入销售程序。这些成为新成员的人们不如直接进入销售程序的人们爽快和当机立断，一般是"潜在消费者"，并且还有可能面临随时失去的危险。因此，面对这些"潜在消费者"，作为渠道推广者的资深粉丝们需要耐着性子，

"放长线钓大鱼"，不要急于介绍直播社群的商品，因为既然这些新成员一开始没有购买，就说明处于犹豫和疑虑之中（图5-22）。

图5-22　犹豫的购买者

所以，对于这些"潜在客户"，比较有效的营销技巧是旁敲侧击，不断提供与本直播社群产品有关的有价值的信息，一方面证明本直播社群产品的专业性，打消客户的怀疑；另一方面，也可以让这些客户产生该产品的确不错的印象。

产品渠道拓展，指资深粉丝成功将产品销售给他人，实现了交易。分享与销售具有顺承关系，分享是销售的前提，并且有助于销售。但两者还是具有一定区别的。分享相当于产品的品牌推广，让其他人对产品产生印象，但不要求对方购买，因此，分享过程（图5-23）比较轻松，多涉及情感营销，即用情感占领对方的心智。

图5-23　面对面分享

销售，相当于产品的交易，是直接与利益挂钩的一种营销行为。与分享相比，销售的术语要求更严谨和小心，一些专业的销售人员还专门因此而研究相关的销售话术，如店面销售话术、保险销售话术、电话销售话术等。在这个程度上，销售更加具有程式性，虽包含情感类因素，但更强调理性和技巧的营销方式。

无论是分享、销售，还是面对面营销、不在场营销，资深粉丝即使怀着对直播社群的极大热情，以及对直播社群产品的极大信心，在实际操作过程中，也总会遇到种种问题。

这主要是因为资深粉丝作为渠道推广者，往往"单枪匹马"地开展工作，由于各自时间和地理位置的限制，也很难一起行动。而且，如果是比较有名的直播社群，过程可能不会很艰辛，但如果完全是名不见经传的"无名"直播社群，那么该资深粉丝，完全进行的就是陌生营销，不仅要运用各种营销技巧，还要准确而得体地用语言表达这些技巧，否则一言不合，就可能吃了"闭门羹"。

这时可以尝试使用以下几种好学又实用的基本技巧。

（1）金钱。几乎所有的人都对钱感兴趣，省钱和赚钱的方法很容易引起客户的兴趣。

（2）真诚的赞美。每个人都喜欢听到好听的话，粉丝也不例外。

（3）利用好奇心。不熟悉、不了解、不知道或与众不同的东西，往往会引起人们的注意，资深粉丝可以利用人人皆有的好奇心来吸引对方的注意。

（4）提及有影响的第三人。现实生活中，大多数人会对亲友介绍来的营销人员比较客气。一定要确有其人其事，绝不能凭空杜撰，要不然被刨根问底就得不偿失了。

（5）善于举例子。人们的购买行为常常受到其他人的影响，其中尤以比较著名的人或企业影响比较大。一般举例子时，应优先举出对方比较敬仰，职业比较接近的著名的人、企业或事件为例。

（6）向粉丝提供信息。资深粉丝对直播社群、商品和服务，以及与产品有关的知识都比较了解，因此在信息提供方面是具有一定优势的。

作为渠道推广者的资深粉丝，需要充分站在对方的立场上，向对方提供一些对粉丝有帮助的信息，如市场行情、新技术、新产品知识等。

（7）利用产品。该方法的特点就是让产品进行自我介绍，用产品来做渠道。由于资深粉丝充分了解商品和服务的特点和优势，因此可以利用所营销的商品引起粉丝的注意和兴趣。

（8）强调与众不同。要力图创造新的营销风格，用新奇的方法来引起对方的注意。

（9）利用赠品（图5-24）。虽然天下没有免费的午餐，但每个人都有贪小便宜的心理。很少人会拒绝免费的东西，用赠品作敲门砖，既新鲜，又实用。

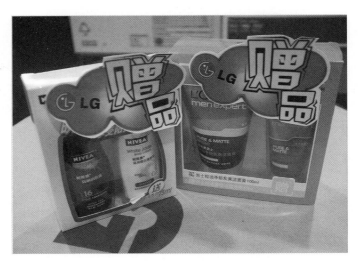

图5-24 赠品可以增加亲切感

5.3.4 将边缘粉丝发展为用户 <<<<<<<<<<<<<<<<<<<<<<<<<

边缘粉丝，大多属于"潜水者"。由于该类粉丝与直播社群的黏性不足，如果也像对待资深粉丝那样对其进行宣传和推广，可能会出现难以预料的其他后果，比如本意是多向他人宣传直播社群的积极一面，但边缘粉丝可能就会因为自身与直播社群的接触比较少，对直播社群文化和产品性能了解层面比较浅薄，而产生不一样的观感，从而很有可能在向他人宣传过程中表达出更多的负面因素，甚至"抹黑"直播社群及其产品。

其实，任何一个直播社群都不可能完美，总会有这样或那样的缺点。在向他人宣传或营销过程中，适当透露直播社群的一些微不足道的缺点，是有助于让渠道推广者的观点显得更客观，从而让对方更加信服的。但是边缘粉丝可能就会直接在直播社群的优势、产品的亮点上挑"毛病"，先不论该"毛病"是否有效，一旦将其透露给本来就不信服直播社群的"外人"，就可能相当于给了直播社群"当头一棒"，让直播社群的生存优势荡然无存。因此妥善经营主播的"用户池"是相当有必要的（图5-25）。

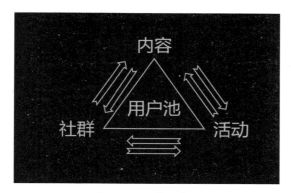

图5-25　经营用户池

因此，在一定程度上，让边缘粉丝直接充当资深粉丝担任渠道推广者，甚至成为核心人员，相当于在直播社群里安放了一颗"定时炸弹"，可能在任何时候爆发，那样只会增加直播社群的不安定因素，让运营者们寝食难安。

然而，不可否认的是，边缘粉丝是具有潜力的用户，虽然不像资深粉丝完全信服直播社群，或者如核心用户具有"一鸣惊人"的能力，即在与直播社群情感和相应的能力上有所欠缺，但是只要直播社群仔细而耐心地继续予以培养，其对直播社群的黏性和能力、本领都有可能达到极高水平，从而成为核心用户和资深粉丝。

实际上，边缘粉丝相当于后备成员，一个直播社群的人员不可能永远不变动，核心用户、资深粉丝都有可能成为边缘粉丝，因此，为了可能出现的直播社群主要成员（资深粉丝、核心用户）的缺失，挑选边缘粉丝进行补足，将是比较恰当的方法。

边缘粉丝的培养方式，一般有两种，专人培养与定期私聊。

专人培养，相当于"一对一"帮扶行动，直播社群运营者可以指定直播社群内资历比较老、能力也很不错的成员专门教导边缘粉丝。

教授内容可以有很多，比如直播社群交际方面，诸如如何自然地加入直播社群聊天，怎样与其他成员和谐相处，怎样与直播社群的陌生人亲密而友好地交谈；直播社群信息方面，诸如怎样分享一些与直播社群有关的有趣而好玩的信息，如何在直播社群寻找有用的干货，以及怎样高效反馈直播社群活动；能力方面，诸如怎样自己独立制作一个让其他成员惊艳的产品。

比如，一些游戏直播社群，基本上属于"能力为王"，会玩就会有人追随。在专人培养方面，经常就会有一些老成员带领一部分边缘粉丝共同打游戏，在实战过程中提升边缘粉丝的技巧和能力。

定期进行小窗私聊。小窗私聊并不是对边缘粉丝的一种谴责行为，认为边缘粉丝在直播社群的活跃度不高，黏性不强而进行斥责。正如，进入一个新班级，隔一段时间老师会找一些新同学交谈在新班级的感受和疑惑一样，小窗私聊，是尽量站在边缘粉丝的立场上，对边缘粉丝心理和情感上的疏导和交流。

小窗私聊，主要是为了便于与边缘粉丝的深度交谈。在小窗的环境下，交谈双方也处于一个平等的地位上，边缘粉丝不会受到太多外界环境的影响，不用担心对话被其他人看见。因此，边缘粉丝一般都可以放松并且比较放心吐露自身的心里话，比如其在直播社群的适应情况，对直播社群的观感，以及身处其中遇到的一些问题等，而不是直接去质问边缘粉丝为什么。

在这个过程中，进行小窗私聊的直播社群工作人员，要尽量控制好自身的情绪和姿态，在充分了解该边缘粉丝的优缺点，以及基本的性格特点之后，用亲切而友善的直播社群老朋友的身份，让边缘粉丝了解到自身的优势，在直播社群的重要性，和可以在直播社群中发现自己、发展自己的可能性和空间；切忌不要用命令式或生疏、僵硬的语气，让边缘粉丝产生压迫感、排斥感，觉得自己是要被直播社群放弃或驱逐的那一类。

小窗私聊，其实也是赢得边缘粉丝对直播社群的信任，增加用户黏性的过程。通过小窗私聊，边缘粉丝往往打破自身由于在直播社群没有存在感，不知道怎样融入直播社群的尴尬，而有勇气和兴趣去尝试前进一步，参加直播社群活动，参与话题讨论等。

专人培养和小窗私聊，其实都是为了提高边缘粉丝对直播社群的积极性。在一定程度上小窗私聊，也属于专人培养的有机组成部分，因为专人培养到一定阶段，也需要通过私聊了解到该边缘粉丝的学习进度和心理情况。

但是，专人培养，偏向于让边缘粉丝发现直播社群所能给予的价值，从而在理性上信服直播社群；而小窗私聊，则是实时了解和记录边缘粉丝对直播社群的黏性。

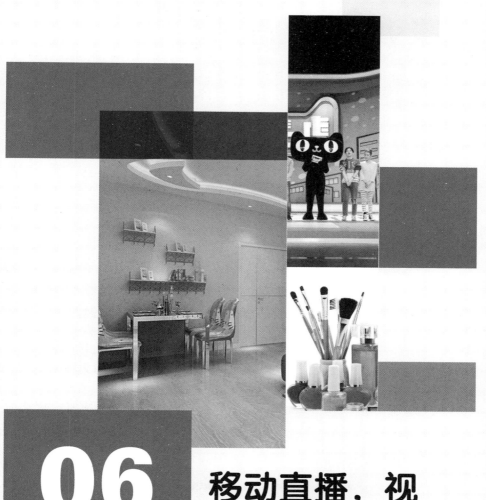

06 移动直播，视频新兴势力

　　传统"秀场"直播兴起于 PC 端，一般表现内容就是唱歌、跳舞；游戏直播也是起源于 PC 端，主要内容为主播玩游戏、讲攻略或者观看主播实时解说游戏赛事；泛娱乐直播兴起于移动端，为娱乐产业相关直播，包括全民移动直播和垂直领域直播（电商、体育、综艺和股票等）。

6.1 移动直播营销方式

　　移动直播是一种实时性、互动性显著的互联网传播内容的形式。不同于传统的文字、视频和PC直播等传播形式，移动直播紧密地将直播内容范围扩展得更广泛。按照直播在时间上的发展历程来看，移动直播大致能分为三大类：泛娱乐直播、才艺秀场直播和电商红人直播。

6.1.1 泛娱乐平台的直播 <<<<<<<<<<<<<<<<<<<<<<<<<<<<<<<

　　在直播的众多领域中，有一个是不能忽视的，那就是泛娱乐直播。泛娱乐直播是与主播高度相关的直播类型，直播的主要内容在于观众和主播的交流互动，带有较强的情感色彩与社交属性。直播平台涉及泛娱乐直播领域，营销方式有以下几种。

1. 邀请明星进行直播

　　像陈赫、贾乃亮等"明星"都曾被邀请到直播平台进行直播。这种直播一则是平台组织，往往能与这些流量"明星"互动的，也是该平台的头部主播；二则是由流量主播通过自己的人脉邀请到的，例如电竞主播"小楼"邀请歌手林俊杰与自己的直播伙伴一起"吃鸡"（图6-1），节目效果激增。林俊杰时不时也会借机会向广大歌迷爆料自己的新歌信息，为自己做一波预热，同时也给主播带来了庞大的流量。

图6-1　林俊杰与"小楼"一起直播

　　这种直播方式的优缺点较为鲜明，需要主播有平台的支持或自己有相当厚实的人脉积累。

2. 电视综艺在线直播

　　直播平台与专业制作团队合作开发优质的PGC/PUGC内容，如"腾讯"视频的"看你往哪跑"、"爱奇艺"的"十三亿分贝"（图6-2）等，提升内容上的核心竞争力。这一类直播营销方式，往往需要主播是平台签约的、重点培养的团体。积极参与直播平台的培训计划和活动的主播，也是能够获得一定机会的。

图6-2 "十三亿分贝"海报

相比于"蹭明星"，这种"蹭"综艺的门槛较低，但平台并不会无缘无故去推一位主播，需要主播对平台有较高的忠诚度，这也就意味着主播会丢失一定的自主性和自由度。

3. 地方娱乐项目直播

这类直播往往是以赞助的方式进行的，直播平台只是提供了一个观看渠道。泛娱乐直播逐渐发展壮大，已经形成了完整的产业生态链条。主播和平台提供内容，平台不断丰富功能（图6-3）。这样的营销方式，不会限制主播的合作自由，只要找到与自己内容相关的项目，都可以参与进去。

图6-3 泛娱乐直播行业产业链

对于新人主播来说，多参与一些地方娱乐项目并不是坏事。但要提前做好功课，不要一头扎进竞品平台合作方组织的直播活动中，否则会引起一些不必要的麻烦。

总体来说，泛娱乐平台直播主要提供以下三种内容。

一是互动玩法。直播平台添加"狼人杀"等互动游戏、唱歌或做任务，并与用户建立社交体系，增强用户间的联系和平台的互动性。

二是短视频。平台接入短视频，丰富了平台的内容，迎合了不同的使用场景，融合短视频优势，增加了二次传播和平台内部导流能力。

三是用户画像和个性化内容推荐。基于用户标签实现千人千面的推荐机制。

泛娱乐直播的传播渠道主要也有以下三种。

一是社交平台。社交平台可以实现用户导流，直播内容向粉丝以外人群的传播和分享。

二是内容平台。分发直播内容和软文等，提升直播内容对于不同用户群体的曝光量。

三是电商平台。可以提升商品变现的转化率，在此之中，商家可以掌握互动性强、用户体验佳的互动营销诉求，促进了泛娱乐直播的发展。

同时，泛娱乐直播需要进行内容监管，保证直播行业的良性健康发展。

6.1.2 才艺"秀场"类的直播 <<<<<<<<<<<<<<<<<<<<<<<<<<<

随着智能手机的普及、摄像头和网络技术的突飞猛进，一大批直播类App开始涌现。尤其是"今日头条"旗下的"抖音""西瓜视频"，都是短视频+直播的新星。从技术上来说，直播随时随地想播就播的特点，让直播的种类变得越来越多元化，户外、美食、旅游等各类直播内容纷纷抢占了大众的目光。秀场直播作为一种娱乐交友的方式，也从以往的地域限制和时间限制里走了出来。

对于由"主播+场景+粉丝"所构成的"秀场"模式来说，主播与粉丝的需求是不断增长的，因此市场的拓展问题不大。关键问题在于场景的突破上，移动直播平台为其提供了基础。场景的创新能够为主播的内容提供持续性的助力，为粉丝提供新鲜有趣的感官。要赢得下半场的胜利，关键取决于选择合适的场景，内容是核心，但是场景是展示核心的舞台。

"秀场"直播平台的代表分为两种。

一种是以"六间房"（较早一批做"秀场"直播的平台）、"斗鱼"等为代表的官方签约主播平台。他们基于网页直播的技术，开发移动端的直播App，实现粉丝的转移和渠道的扩展。

另一种是以"抖音"等发家于短视频制作、分享社区为代表的公会和家族入驻模式。他们通常是由主播加入公会或家族，统一管理和分红，再由公会或家族签约直播平台进行合作。

"抖音"作为2018年场景+模式的头部平台，将主播与生活、职业、爱好、社会、娱乐等多种多样的场景相结合，不仅仅表现在移动端可以进行户外和移动直播上，更是表现在内容多样性上。一场直播和一个视频带火一家店铺甚至一座城市的案例屡见不鲜，例如重庆就成为2018年"网红城市"（图6-4），甚至有网友称：十个"抖音"九个重庆，重庆是"抖友"值得一去的城市。

图6-4 "网红"镜头下的重庆

这就是脱胎于生活场景下的"秀场"直播所带来的红利，线下店、风景区都成为以往秀场主播们追求的新场景，这种营销效果也是双向的。"网红"主播营造了"网红地标"，而后者又能反过来，为新人主播们源源不断地提供场景。另外值得一提的是，不少店主、运营者们，也通过"抖音"等移动平台，展示自己不一样的"才艺"，炫目的饮料调配手法和工作技巧，都是好的播放内容。

好的播放内容能够吸引用户并留住用户，传统"秀场"直播模式的症结前文已经提到，靠主播的"颜值"和某一种才能表演的状态基本是不可能持续的，内容输出相对单调，只能吸引小部分用户，要想长久留住用户相当困难。代表传统"秀场"直播前进方向的"斗鱼"和"抖音"等，该如何解决上述问题？他们的那些探索是否能给行业带来启发？

"秀场"直播的场景+模式，早期缺乏更强有力和创新化的内容输出，随着竞争的加剧，现在基本上已跳脱出封闭的室内，换成了其他的场景或领域，实现多元化人群覆盖，焕发出新的生机。"斗鱼"等探索线下场景，实现现场互动和直播的协同发展，打造差异优势，已初见成效；而"抖音"探索推出生活类场景，打造"草根"（素人）+才艺的模式，此外还有体育+直播、酷玩+直播等拓展。

愈发复杂的平台竞争和日益激烈的内容大战，让"秀场"主播倍感压力。"打铁还需自身硬"，如果主播内容足够有料，那么也就没必要太过担心营销力的不足。"秀场"直播营销现阶段的矛盾，其实就是用户日益提升的审美诉求和主播方优质内容输出的持续性、创新型缺失之间的矛盾。只要能通过场景解决内容创新的问题，在很大程度上就能带动营销。

毋庸置疑，"网红"自带受关注的内容和流量，永远都是直播中为受众所欢迎的主播人选。很多平台都投入重金，邀请人气高的主播，如"Papi酱"、冯提莫等。"YY"推出的"大牌玩唱会"（图6-5）就是一个例子，他们邀请的自然也是在某个才艺领域有自己粉丝群体的。"抖音"等平台，虽然也有"明星"入驻其中，但主流还是"草根"+原创场景的直播，让主播利用社交属性去自我营销。

图6-5 "YY"平台的"大牌玩唱会"

在UGC（个人创造内容）的时代，主播其实具有很大的自由发挥空间，但是缺乏对某个场景的专业把控能力，导致的结果是产出的内容质量参差不齐。怎么解决？

其实我们可以换种思维：将UGC转为准专业制作模式（PUGC），即我们之前所说的加入经纪公司的招募和培训计划，让团队给自己做场景。例如"六间房"，现已被民营演艺集团"宋城演艺"（图6-6）收购，"宋城演艺"制作的演艺、综艺、影视节目可以在"六间房"播出。"宋城演艺"通过专业院团、社区演艺社团上线、明星艺人直播等，帮助"六间房"的主播提升综合素质、丰富在线演艺的场景，形成艺人资源线上线下运营的良性循环。这些在行业内都算是创举，值得借鉴。

图6-6 "宋城演艺"Logo

传统的社群依靠社交群、社交媒体、线下聚会等来维持社群关系，直播无疑是另一种维持社群关系的形式。一般来说，粉丝会在秀场直播平台上关注主播，而且粉丝之间有着很多共同的爱好，至少都对主播本人感兴趣。一些主播也正通过直播平台的闭环生态试水社群营销，来实现个人品牌和商业价值，而一些直播平台的社交功能功不可没。

目前，包括"抖音"在内的平台都是相当注重粉丝与粉丝之间沟通的，为这些粉丝包括和主播进行线上线下交流创造了有利条件。而短视频与直播、社交三合一，也让主播拥有了更多的营销手段。主播除了直播之外，还能通过自己的视频主页（通过平台随机推荐关注）、主页中的QQ、微信等链接，把所有的社交渠道串联在一起（图6-7），实现交叉营销。

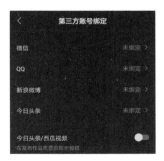

图6-7 "抖音"的第三方串联

不过"抖音"等App趋向于熟人社群的营销，通过朋友的转发进行传播多于站外链接的推广。优势在于新人主播可以在自己好友的帮助下迅速积累人气，但对于社交能力较弱的主播，前期就不算太友好了。这个时候选择加入公会或家族，倒是一条不错的道路。

6.1.3 电商红人类的直播 <<<<<<<<<<<<<<<<<<<<<<<<<<<<<<<<<

视频直播的门类千差万别，但归根结底可以总结为三大块："斗鱼""虎牙"等主要以游戏为中心，进行网络游戏的竞技、对战和解说的直播；而更受大众所熟知的，还是类似"YY""一直播""西瓜"等，带有生活与娱乐性质的直播平台，例如前面讲到的泛娱乐和才艺直播；除此之外，以"蘑菇街"、淘宝直播为代表的直播电商是第三种类型，也是变现较为直接的一种。随着直播行业的不断发展，越来越多的直播平台向第三种模式靠拢，或者开始尝试电商+的模式（图6-8）。

图6-8　电商+模式

当微商、网店的商业模式趋于饱和之后，如何实现流量突破成为平台需要考虑的问题；渠道和粉丝市场不断扩大但变现能力不足，也成为直播的"心头病"，二者可谓是一拍即合。

在传统的供应链中，一个服装企业要提前半年预测第二年的热点和流行趋势，然后请设计师设计，再备货直到上架。直播带给电商平台的颠覆，在于一种去中心化的电商体验。过去，用户在天猫、京东搜索出大量的商品，好的商品用户搜索出来并进行不断地比较，陷入选择恐惧症。而在直播中，网络红人将充当意见领袖，在专业领域进行讲解，比如服饰搭配等，将商品拟人化。

相比较传统的电商，直播的形式相对于图片+文字，有更加生动的传播效果。在电商直播的平台中，互动性是吸引粉丝很重要的地方。用户在直播平台上看到主播介绍产品或者试用产品，屏幕上随手可以点击的优惠券、红包等功能，实现用户看+买+玩的体验（图6-9）。

图6-9 "天猫"的商界综艺直播

相关数据显示，2018年止，41%的用户观看过电商直播，其中80%的用户产生过购买行为。电商和直播一直是互联网的热门话题，随着直播行业与电商行业两大巨头的结合，不管是电商还是直播都有了新的突破。而直播在移动端发力之后，更是新增了一种由电商红人或品牌主持的，现场测评形式的移动直播场景，例如"抖音"上的"什么值得买"品牌号（图6-10）。

图6-10 "什么值得买"品牌号

通过对"优衣库"等常见的服装、电器线下品牌店进行现场测评、活动展示，在不需要自己开店创业的同时，实现电商与直播的结合。以对品牌营销的"代价"交易来对自己的内容产生营销。又是一种双赢的模式。不管是电商+直播还是直播+电商模式，都是如今互联网的风口流量变现模式，在电商平台做直播或者在直播平台做电商，不仅是大平台博弈的场地，也成为互联网创业选择渠道。以淘宝主播为例，现在主播的数量是远远不够的，尽管主播已经流行好几年了，但是到处可见主播招聘。

6.2 移动视频新营销

2018年4月前后，"今日头条"旗下的"抖音"宣布对业务进行升级，暂停直播和评论功能，升级归来后的"抖音"将原来的零门槛直播改为以短视频粉丝数量为基础的邀请制和申请制。几乎同时，"今日头条"上线了"西瓜"直播，原来的"西瓜"视频 App 加入直播功能，并开始了招募直播公会、才艺和游戏主播。两款 App 均是通过短视频平台上线，也不难看出移动端视频成为新的营销风口。

6.2.1 简短精妙的"抖音"视频 <<<<<<<<<<<<<<<<<<<<<<<<<<

如今，还没玩过"抖音"，或者不知道"抖音"的年轻人并不多了。"抖音"上线于2016年底，但真正开始大面积推送却是在2017年。短短的1年时间，"抖音"拥有了几乎各行各业的"明星"资源，从影视圈的流量"小花"们，到直播界的"花旦"们，甚至连一些品牌企业也拥有了自己的"抖音"号。15秒的短视频似乎有一股"魔力"，吸引了网友们在闲暇时间不停地刷（图6-11）。

图6-11 刷"抖音"成为新时尚

其实从"秒拍""小咖秀"等软件风靡开始，10多秒的短视频就已经展现出了独特的魅力。在阅读时间碎片化的现在，人们越来越难有时间去集中阅读文字、图片等信息，听音频、看视频，可以解放我们的双手去"三心二意"地做其他的事情，同时兼顾轻松娱乐，因而受到欢迎。以"今日头条"为首的一部分媒体平台，则充分意识到，短视频可以作为直播的良好补充甚至是引流渠道而存在（图6-12）。

图6-12　通过短视频做直播营销

这也为主播们提供了一个良好的机会——把原本集中在晚间的直播，打散成为一个个片段，随时随地推送给自己的粉丝。同时也给主播们增加了一个新的内容平台——短视频制作。

1. 短视频的优势

相比于以往主播兼职"up主"制作视频，"抖音"短视频由于时间短，其所耗费的成本、精力也要更低一些。15秒的视频，只需要展示一个技巧、一段画面，往往在直播中就能很轻松地截取大量的素材。以游戏类"up主"为例，我们所熟悉的"老E""纯黑"等，为了一期视频，可能需要准备4~5天的直播，甚至是搜集小半年的素材，精心制作和剪辑成5~10分钟的视频（图6-13）。

图6-13　"老E"为素材剪辑犯愁

简短的视频时间看似更需要打磨，但毕竟篇幅有限，主播们只需要抓住亮点和笑点，剔出来稍加修饰即可做成一个系列，例如失误集锦、高光集锦。思路简单、内容简短，就意味着制作时间缩短，主播也有更多的时间集中于准备直播的内容，不至于造成本末倒置。

此外，相比于以前月更、周更（一般非团队主播很难做到周更或日更），"抖音"这类短视频的更新可以做到日更。其中对于营销力的增加是显而易见的，粉丝每天都能看到主播的视频，虽然只是短短的15秒时间，但互动却更加频繁，粉丝黏度、新粉丝增加速度都会提升。

2. 集成剪辑工具

除了短视频本身的优势，这些App人性化的考虑也让平台增色不少。从"小咖秀""美颜相机"这些软件开始，就不断有开发商尝试把剪辑变得更简单。图片后期仰仗于Photoshop、视频剪辑要用到Premiere几乎已经形成了思维定式，但这些短视频App的出现，赋予了手机除拍摄、上传工具外的更多意义。首先是拍摄模板的选择（图6-14），音乐乃至动作都有模板可以直接模仿拍摄。

图6-14 "抖音"引用模板

完成拍摄后，还可以通过App自带的剪辑功能，实现加速、变色、剪切、特效等多种多样的效果。从广泛意义上来说，完成一集短视频制作，短短数分钟就能搞定。当然，如果想要做出更加精美的短视频，也需要认真策划、反复地录制和调试。任何事情要想做好，都没有捷径可走。

6.2.2 妙趣横生的"西瓜"视频 <<<<<<<<<<<<<<<<<<<<<<<<<<<<

作为同根生的"西瓜"视频，开始也同样是作为"今日头条"旗下视频类的拳头产品推出的。而涉及平台分成、边开边买、直播功能，甚至隐约走在了"抖音"的前面。如果说"抖音"更倾向于音乐视频社区，那么"西瓜"视频则更致力于为用户实现快速变现——边看边买。

1. 与电商挂钩

早在"西瓜"视频上线之初，在视频中插入与视频内容相关的商品卡片，用户观看视频时点击商品卡片完成交易，让移动短视频创作者获得佣金分成收益，就成为"西瓜"视频的预定"套路"。甚至在很大程度上推动了农村电商的前进，人民网等主流媒体也就此进行了报道（图6-15）。报道称："西瓜"视频2018年在虞城的助农活动，短短一星期内帮助30位创作者通过边看边买功能共促成916笔，总额超过 3.6万元的订单。一位乡村创作者"巧妇9妹"通过"边看边买"功能，8天的时间卖出30吨皇帝柑，销售额接近40万，这对一些农村电商来说，是一个不小的进步。

图6-15 "西瓜"视频助力农村电商

对于一些以直播、视频为创业手段的主播来说，也能够在"西瓜"视频的商业广告模式中，找到自己的变现模式——广告合作，这也是直播平台商业模式趋于成熟的特征——共赢。

2. 做技巧分享

说到"西瓜"视频与其他直播、视频类平台不同的地方，就不得不提到其"进击课堂"（图6-16）。这个模块不仅仅是简单地帮助主播在内的用户如何解读规则、学习后台基本功能，其更多地目的在于提高视频制作者的剪辑技巧，通过"普及"后期知识，提高平台的整体视频质量。

图6-16 "进击课堂"部分内容

"西瓜"视频的这个学习模块，还包括了小到标题、封面的制作，大到运营、变现的话题教学，而且统统是以4~5分钟小视频（图6-17）的形式进行传播，采用主持人+趣味场景结合的方式，寓教于乐。尤其是对于直播、营销的新手来说，可谓是有"授业之恩"。

图6-17 "西瓜"视频的教学内容

值得一提的是，这一系列的视频都是免费公开的，只需要在搜索引擎中稍加查找，就能找到全部的视频，不论是否下载了"西瓜"视频App都可以看到，这也算是平台的营销手法之一了。

6.2.3 体验提升的直播 <<<<<<<<<<<<<<<<<<<<<<<<<<<<<<<<

移动直播到底有什么不同，为什么能够把直播的营销力提升一个档次？除了我们所了解的电脑直播手机观看、户外直播随走随看，还有什么新鲜的地方呢？从专业的角度来说，首先，移动直播迎合了日益增长的手机游戏用户群体（图6-18），其次是集成了支付、特效等，最后一点就是增加了直播内容的可能性（或者说场景的丰富性，前面提到过，不再赘述）。

图6-18 手机游戏日趋成熟

1. 得益于手游

熟悉直播的人都知道，除了电脑游戏之外的主机游戏、手游，要么通过模拟器（效果不佳且涉及版权争议），要么用采集卡（图6-19）连上机器游玩，直播的变故增多、效果打折扣是常有的事。例如获取不到画面、手柄等设备无法兼容。尤其是手机游戏，投射到电脑端用键鼠操作，很多手机触屏的操作都无法很好地实现。在手游尚且不温不火的时期，其实手机直播也不太流行。

时立 HD85 PCI-E
HDMI 4K超高清视频采集卡

图6-19　单独购置采集卡

近年来，手机游戏挤占了相当一部分的游戏市场，甚至一些老牌的PC厂商（如育碧等）都开始尝试与手游厂商合作，甚至独立开发手机游戏成为自己的未来发展计划。手游粉丝的增加，倒逼直播平台开始加大推送手机直播App的力度，2016~2018年，几乎所有的直播网站都完成了App推广，并设置了相应的手游区。也有不少互联网科技公司直接跳过网页时期，进军移动直播。

2. 集直播大成

移动端的直播营销，因为手游和一系列软件、互联网企业的移动升级变得至关重要。虽然在很长一段时间内，手机依然无法取代PC在我们生活中的地位；但比起个人电脑，我们越来越离不开的是手机。而自手机游戏直播火爆以后，移动端被主播们玩出各种花样，手机直播百花齐放。

（1）集成支付提高了成交率

对于绝大部分人来说，手机已经集成了"钱包""后期工具"等功能。移动端的直播打赏能够很轻易地通过微信、支付宝一键完成，缩短了支付的时间。在营销的意义上来说，消费者思考的时间越短，对卖家或服务的提供者是越有利的，因为消费需要一定的冲动刺激，考虑得越久，越不利于成交。

（2）集成特效提高了镜头感

除此之外，喜欢看直播的人都知道，手机直播可以采用更丰富的摄像头插件，而这些插件往往要比PC端所下载的美颜摄像头工具要好用很多（甚至很多主播即便直播电脑游戏也离不开手机摄像头）。好用是一个方面，而方便则是另外一方面，一个手机解决了几乎所有硬件、软件的需求。

（3）把直播从房间里搬出来

以往的户外直播都是DV连接信号传输设备完成的，基本都是电视台级的操作，而个人直播很难实现户外直播。这也就意味着，直播通常在室内进行，游戏、歌舞成为绝对的主流。有句笑谈，十个直播里面有九个在打游戏和唱歌跳舞，剩下的一个在卖货。

现在，户外直播的缤纷是只有人们想不到，没有看不到的。旅游、综艺、探险（注意这里的探险是有专业指导的）等已经屡见不鲜，直播玩街机、直播钓鱼、直播送外卖等等，几乎是把除了一些需要保密和特殊环境职业外的所有人群，拉进了直播的社群。

6.3 视频类营销技巧

生活是一门手艺，要把生活中大大小小的事都调理好并不是一件简单的事，如何做好一个花匠，把自己人生的藤蔓打理得井井有条要看个人的手艺。直播是大手艺中的一门小艺术，想要做好直播，得从声音、画面、内容、网络环境等方面着手。下面介绍如何用技巧去装扮直播、把直播打造成一门艺术，给观众带来一场听觉与视觉的盛宴。

6.3.1 场景布置与包装 <<<<<<<<<<<<<<<<<<<<<<<<<<<<<<

成为主播后，就要对自我"化妆"，即对自己外在形象进行包装并对直播间进行装饰。要想让观众对自己有一个好印象，自身的颜值和直播间的环境，都是很重要的因素。

1. 直播间布置

关于直播间，首先要为观众打造一个干净舒适的视觉环境，这样才能够为直播效果大大地加分。其次，还可以依照直播的内容及自身的形象特征进行布置，如果是甜美类型的主持风格和内容，可以利用一些毛绒玩具凸显可爱（图6-20），这样就更能凸显自己直播的特色。

图6-20　可爱的直播间装饰

　　无论直播间的背景是墙面还是其他的东西，都要整齐、干净。而让直播间看上去整齐干净的方式，就在于物品的摆放方式和颜色的选择。东西不要放得东倒西歪，要按照一定的规律放置。直播间的物品色调要尽量保持一致：从墙面，到麦克风、抱枕、窗帘等所有物品，都尽量贴近生活，甚至我们可以直接对自己的卧室进行布置，作为自己的直播间（图6-21）。

图6-21　用卧室作为直播间

　　在根据自己喜爱的风格或是自己主播的风格，对直播间进行装饰时，粉色会给人以萌萌的、很暖心的感觉，是现在女主播最常用的直播间色调。另外，天蓝色、绿色、灰色、白色等，也是主播用得比较多的颜色。在浅色调中，粉色、蓝色、绿色这几个颜色，看上去不至于太晃眼，而且浅色也给人以清新活跃的感觉，所以比较适合大部分的直播风格。

2. 主播的妆容

对主播的包装，包括对妆容、发型和穿着这三个方面的包装。

（1）妆容

如今走在大街上，我们会发现绝大部分女性，甚至相当一部分男性都有化妆。尤其对女性来说，几乎都会拥有自己的化妆品（图6-22），即使天生丽质，也需要对自己的妆容进行管理。

图6-22　女生日常化妆工具

化妆虽然麻烦，但确是能让人以最快的速度变得好看起来。更何况是作为主播，对"颜值"的要求肯定比普通人更为讲究。我们在化妆的时候，应当尽量以淡妆为主。浓妆艳抹，总会让人产生一种油头粉面却没有真材实料的错觉，除非属于那种浓妆淡抹总相宜的人。

主播的妆容，并不像拍影视剧时要求得那么严格，一般掌握了一点化妆技巧的人，应该都好搞定。对于化妆技巧还不够纯熟的妹子而言，可以只挑自己会用的几样化妆品，水、乳、BB霜、口红、腮红、睫毛膏等，将自己稍加修饰即可，主要是为了让自己更有精神一点。

要是觉得自己的五官哪里有所欠缺，可以有针对性地进行较为细致的化妆。比如，如果觉得自己双眼无神，在给眼部化妆的时候，多用点心思便可。

有的时候，化妆的作用也不全是因为可以变漂亮，其实化妆还能让人变得更有气质、更有精神。自然的肤色和纯色等，很容易给人一种病恹恹的感觉，就算是同一个人，化妆和不化妆的区别都是挺大的。所以，作为主播，一定要懂得一些化妆技巧，给观众眼前一亮的感觉。

（2）发型

主播的发型，要令人感到干净、清爽。无论是长发还是短发，头发尽量不要挡住五官。不过做主播并不是拍证件照，可以留刘海。对于很多主播而言，刘海可是卖萌利器，但是一定不要让自己的刘海遮住了眼睛，因为眼睛是心灵的窗户，把心灵的窗户都关上了，那还怎么跟粉丝进行交流互动呢？

无论是把头发扎起来、盘起来还是放下来，无论是直发还是卷发，无论是黑发还是白发，只要能够凸显自身的特色、展现自己的优点都可以。我们也可以学习流行"网红"的发型（图6-23）。

图6-23　日韩"网红"发型

（3）着装

什么样的人穿什么样的衣服。对于各个行业，着重都是有讲究的，对于一些比较注重外形的行业，着装的细节都有一定的规范。主播，相对来说是一个较为自由的职业，没有强制要求主播每天穿什么类型的衣服做直播。不过，作为主播，在穿着上也应当注意一些事情。

首先服装要美观，不要穿过于复杂的衣服，不然观众的注意力全放在了服装上面，无心看直播；主播最好本身有一定的审美，穿适合自己且具有一定特色的衣服，这样的着装能为自己的颜值加分。服装的颜色不要过多过杂，可以选择以某种色调为主。浅色调的着装令观众感到神清气爽、心情舒畅；深色调的着装则令人心情沉重，很难令观众保持良好的观看心情。

6.3.2 硬件与辅助道具 <<<<<<<<<<<<<<<<<<<<<<<<<<<<<<<<<<

除了相机和镜头外，专业的拍摄还需要很多辅助配件与器材，才能达到更好的拍摄效果。下面介绍一些常用的相机辅助配件与器材。

1. 三脚架

三脚架是保证相机稳定的必备配件（图6-24），最常见的就是在长曝光时使用三脚架，微距拍摄时也会使用到三脚架。市场上三脚架的种类很多，按照材质可分为高强塑料材质、铝合金材质、钢铁材质、碳素等多种，其中钢铁材质的三脚架稳定性高，但是体积大、便携性差。

图6-24　三脚架

铝合金和碳素的体积小而且结实，但是碳素的价格太高，所以建议选择铝合金材质的。很多人会在选择三脚架时对于重量和稳定性如何取舍而感到左右为难，由于网店拍摄大多在室内进行，所以在选购时重点考虑三脚架的稳定性，不必太在意重量。

2. 灯光设备

灯光设备是室内拍摄的主要工具，主要用于在光线不足的情况下照亮场景，以便获得正确曝光的影像。节能灯、摄影灯以及外置闪光灯等都是常用的灯光设备（图6-25）。

图6-25　节能灯、摄影灯和外置闪光灯

3. 摄影棚

专业的柔光摄影棚是拍摄小件商品的首选地点，也可以自制摄影棚（图6-26）。

图6-26　柔光摄影棚

4. 反光板或反光伞

反光板和反光伞（图6-27）的主要作用是为主光照明不到的暗部提高亮度，再现暗部原有层次，通过调节和控制画面明暗反差，使亮暗过渡层次丰富细腻，立体感和质感都能得到较好的体现。

图6-27　反光板和反光伞

5. 背景纸或背景布

背景道具主要包括具有各种颜色的背景纸和背景布，使用它们可以让商品有一个明快、干净的背景（图6-28）。

图6-28　背景道具

6.3.3 光影结合显主题 <<<<<<<<<<<<<<<<<<<<<<<<<<<<<<<<<<<<

当人挡在光的前面，在直播中出现的画面就是：主播的周身笼罩着一层淡淡的光圈，而主播则变成了一个"黑色的轮廓"（图6-29），这样是不利于主播展示自我的。

图6-29　逆光拍摄效果

户外直播需要主播实地打造光效，而其他类型的室内直播，例如游戏直播，也需要光来烘托画面，不过比真人直播要省事，主播只需要把画面的色彩和亮度调整到适合大众观看的数值即可。要创造良好的光环境，需要"以人为本"，更多征询粉丝们的意见。

直播画面亮度调节，有时候并不能完全通过对显示器、光源的调整来完成，还与直播画面的获取有一定的关系。例如，我们可以用常见的直播工具OBS来对画面参数进行调节（图6-30）。影响画面光影效果的，除了亮度（明亮程度）、对比度、饱和度等之外，伽马值也是相当重要的一个参数。所谓的伽马值优化，就是对亮度、对比度的辅助功能，可以强化光影效果的层次感，甚至在一定程度上会影响画面的清晰度。其数值并不固定，主播可以根据自己的环境因素调试。

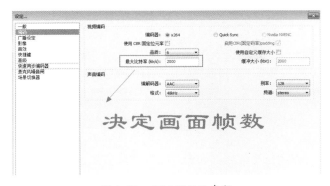

图6-30　OBS调画面参数

要在直播中打造出画面的视觉效果，少不了要加光线的特效。光线的颜色和颜料的颜色一样丰富，在直播的特定环境下就需要选择适合的光线颜色，利用灯光营造的环境效果，来激发人们相应的心理状态。暖色的柔和光线，例如家用的白炽灯，能营造一种温暖、舒适的气氛；幽暗且带有神秘色彩的光线，例如蓝紫色的荧光灯，这类颜色偏冷、暗度偏低的灯光在酒吧中比较常见，而一般的直播，无论色温的冷暖，通常采用较为明亮的光线。

6.3.4 策划台本要专业 <<<<<<<<<<<<<<<<<<<<<<<<<<<<<<<<<<

台本，即为剧本。语言是人们思想交流的媒介，深谙说话之道的人都懂得把握语言的分寸，语句里不会有太多"水分"也不会太"干"，糅合得恰到好处的语言让人听了舒服、有继续聊下去的欲望。而在直播台本中，要明确直播的玩法、预算、受众、主题、节奏和反馈等要素（图6-31）。

图6-31　直播台本要素

1. 受众

首先要明确受众属于自己粉丝中的哪一拨？例如游戏直播的网游粉丝、单机粉丝，他们所能够观看直播的时间都是不同的，所需要的内容、"包袱"也都是有差异的。没有确定好粉丝群体的定位，直播无从开始。想要有一个实用的台本，就必须弄清楚针对的人群——粉丝。

2. 主题和反馈

从粉丝的需求出发，或者从店铺、代言的商品出发，始终不要忘了问自己：我的目的是什么，要卖什么，以及怎么卖。通过粉丝和消费者的反馈，例如售后的群聊、日常交流和吐槽等，及时修改自己的直播内容，做到按需直播，因此台本也需要时常更新。

3. 预算和玩法

尤其是小主播，预算是很有限的，需要根据自己的实际收入情况，进行预设实现，在直播活动中安排一些回馈、抽奖互动的内容。直播中活动的力度、次数、粉丝所获得的收益，很大程度上决定了目前粉丝群体规模的上限和粉丝黏度。

预算的多少，也限制了主播的一些玩法，例如直播环节（尤其是吃播、旅游直播）的时长、内容的范围等。如果单场直播成本超出，就需要对接下来的直播做出调整。

4. 节奏

合理安排直播时间，例如直播的推进时间，什么时间做什么事情。比如直播安排四个小时，直播5分钟之后开始安排关注抽奖，点赞有奖，直播过程中安排几次红包活动，抽奖活动。另外需要特别注意的是，尽量不要让粉丝掌握自己的节奏，要有原则，否则直播将会很被动。

一个好的台本最重要的不外乎是它的内容，语言"朴素无华"观众还能勉强接受，要是连一个看点都没有就少不了要招来各种吐槽了。在直播中，观众的注意力就是金钱，靠颜值撑得了一时撑不了一世，再好看的脸，观众也有看腻歪的一天，更何况每天端着一个形象也会让人感觉"千篇一律"。因此，颜值只是走向成功的一个附加条件，要想在"大浪淘沙"中脱颖而出，凭的还是真本事。

"Papi酱"利用短视频成功走红，短短几分钟的视频却能吸引上百万观众，如果没有观点新颖的题材来"刷新"观众的眼球，只是让观众看着她纯嗑瓜子闲聊，想必观众都会坚持不过三集。不要让一个"烂台本"毁掉一场直播，要让好的语言变成能够挽留住观众的声音。

6.3.5 视频尺度要注意 <<<<<<<<<<<<<<<<<<<<<<<<<<<<<<<<<<<

在直播快速发展壮大的同时，不太好的现象也随之滋生了。一些主播为了获得更多关注，在直播中插入低俗、虚假广告等不良信息，更有的主播故意在直播中穿着暴露，通过打擦边球来吸引观众眼球。虽然这种"荷尔蒙经济"（图6-32）为一些主播们暂时会带来不少好处，但无疑对网络环境造成了一定的影响和破坏。目前，这些不正之风的生存空间越来越小了。

图6-32 "主要看脸"的荷尔蒙经济

以往直播入行门槛低，许多直播平台只需将身份证上传审核，完成银行卡认证后，依靠一台电脑或一部手机，就可以开始直播。而直播平台们在"千播大战"的时期为了能够吸引足够的资源，也时不时会放出一些烟幕弹，例如某某主播开豪车、月入十万等。而在经过一轮一轮的洗牌直播，这些带有夸大和虚假性质的东西，以及低俗的内容，都在被法规和平台规定双重淘汰。

在很多直播平台，如斗鱼，虚拟物品名目繁多（图6-33），最便宜的礼物"赞"价值0.1元，比较昂贵的礼物如"火箭"价值500元。主播收到的"礼物"与平台按比例分成，单纯依靠分成，有些人气主播的年收入确实不菲。但也出现了一些"礼物诈骗者"，他们通过一些欺诈手段，鼓动粉丝们为其一次性充值多少礼物，承诺为其办到某件事，却在礼物到账之后拉黑对方。

图6-33 名目繁多的虚拟礼物

直播这样一块漂亮的大蛋糕自然吸引了许多人的目光，也确实会引发一些超过尺度的行为。但在风潮平静下来之后，这些违背职业道德的主播基本上都受到了应有的处罚。首先是被封禁直播间，情节严重的甚至会永久封禁和全平台封杀。其次是退还欺诈的礼物金额，并处以罚款。

以"抖音"平台为例，仅2018年7月，就累计清理了不符合尺度、规定的视频3万多条，封禁了违规账号近4万个，并对相应的申请人和运营者做出了警告和处罚。就全国范围内来说，公安部开展了全国范围内的"净网2018"行动（图6-34）。期间，相当一批直播平台开启了自查模式，1个月的时间内，关闭了4000余个直播间，封禁主播2000余人。

图6-34 "净网2018"行动

主播想红是一件好事，说明有奋斗的动力。但为了营销自己，跨过尺度去操作是得不偿失的。

在大多数情况下，主播出现"打擦边球"的情况，都是因为在内容上很难有大的创新，直播内容的空洞让"粉丝"的反应淡薄，造成冷场的现象。出于无奈，为了留住"粉丝"而不得不采取一些措施，很多人就为了新鲜感，而去做一些出格的事情。

归根结底，想要减少甚至杜绝这种情况，主播需要从职业技能的打磨上入手。

6.3.6 投放平台须选择 <<<<<<<<<<<<<<<<<<<<<<<<<<<<<<<<<

直播告别了疯狂的野蛮生长，进入了从数量到质量的瓶颈，而同样以UGC内容为核心的短视频则迎来了资本的狂热追捧，每个平台都在不同程度上开始改变和升级自己的业务范围和重心，而每位短视频作者和主播，则需要看清平台们的方针，乘坐他们的"便车"为自己助力。

我们可以粗略地勾勒出以上几家短视频平台的用户画像。

"抖音""西瓜"为首的视频+直播平台：乐于展示自我、标榜个性、渴望即时互动的年轻群体。

"小咖秀"为首的"老牌短视频"：任意年龄段、性别的重度社交软件依赖者；一二线城市的年轻女性；"外貌协会成员"、喜欢与他人分享自己的生活；喜欢尝试新鲜事物、有创造欲的年轻人。

"快手""火山"等短视频社区：高社交需求、低互联网受教度的三四线城镇青年。

通过这些用户画像，我们投放视频时，就能把握用户特点，从而实现精准营销。

1. 短视频 + 直播

作为营销视频创作者，要了解各个短视频平台不同的特点，有针对性地进行创作。"抖音"与"西瓜"视频同属"今日头条"旗下（图6-35），同样开始于"草根"视频的制作，虽然在直播和用户分类上有所区别（"抖音"的直播入驻更保守，视频上则吸引了更多的大咖入驻；而"西瓜"依然以"草根"原创为主），但其主要的运营方针都是通过短视频与直播交互式营销，此其一。

图6-35 "抖音"和"西瓜视频"

音乐短视频是"抖音"和"西瓜"视频的共同卖点，此其二。通过音乐制造节奏，也通过音乐来为视频录制创作模板，这种方式更符合国际化和年轻化的审美，这也是为什么"抖音"类的产品，能够在东南亚、北美等地区（图6-36）都广受欢迎的原因。

图6-36 "抖音"北美版

2. 老牌短视频

提起"抖音"，很多人都会联想到曾经的爆款产品"小咖秀"，毕竟两款产品在玩法上大相径庭，主要用户也都是爱玩爱闹的年轻人。但用户通过"抖音"所制作的内容完全都是围绕着音乐这一主体来进行的，用户可以根据自己的理解对原有的音乐MV进行二度创作，尽管有一些套路大家都是一样的，但每个人舞蹈、妆容、服装和表情却不尽相同。在小咖秀中，用户模仿傅园慧，全民满脸的"洪荒之力"。而在"抖音"们中，尽管用户都使用同样的配乐，但最后所呈现的作品却更具个人特点。

以"小咖秀"为首的一批老牌短视频平台（图6-37），虽然也是以视频原创为主，但更多的是对嘴型等单一的模仿表演，用户在拍摄视频时会更倾向于对影视剧中的主要角色的外貌特点和行为语言进行二次创作，这就造成了作品同质化等问题。虽然现在的"小咖秀"也开始拓展自己的业务范围，也有自己的固定粉丝，但局限性较大，增长也相对困难。如果找不准自己的粉丝定位，或者定位与老牌的App不相符，需要谨慎入局。

经典片段
轻轻一点，找到最经典片段

轻松演绎
人生如戏，全凭演技

简单分享
让你的朋友圈为你喝彩吧

图6-37 "小咖秀"以模仿为主

3. 短视频社区

被各界热议"火山"与"快手"（图6-38）都凭借操作门槛低，随拍随发，不需要复杂的剪辑流程等特点，给用户带来了非常好的使用体验。此外，两者都将所谓的普通人作为自己的目标用户，平台内以大量的原生态内容为主。虽然"火山"也是"今日头条"旗下产品，但与"抖音""西瓜"有所不同。

图6-38 "火山"和"快手"

首先是用户群体，"火山"与"快手"更接近，更多的是一群玩社交的"小伙伴"。他们对直播和视频创作质量的需求并不算太高，而更加注重"写实"和"好玩"，希望能够在这儿认识更多人、交到更多朋友。换句话说，这两款App更加"草根"和接地气。

其次是发展方针，"火山"和"快手"一样，主要攻坚对象是三四线城市。这一点"火山"与"抖音"们形成了一个互补，也足以见得"今日头条"对所有可能的潜在用户都"不放过"的态度。虽然"火山"和"快手"目前也在做"明星"策略，但也是走偏娱乐、搞笑的路线。

不同的平台用户需求有区别，不论是做电商创业还是做职业主播，选对"摊位"都是第一步，这点要特别牢记。